Mosaik
bei GOLDMANN

Buch

Das Chaos hat viele Gesichter – auch am Arbeitsplatz. Manchmal scheint man in der Papierflut regelrecht zu ersticken. Doch wie will man einen Kunden von der Zuverlässigkeit des Unternehmens überzeugen, wenn ringsherum das Chaos tobt? Wie können Chefs von ihren Mitarbeitern Effizienz und Produktivität erwarten, wenn sie selbst auf ihren Schreibtischen nichts mehr finden? Und wie bitte muss man einen Arbeitsplatz strukturieren, damit reibungsloses Arbeiten überhaupt möglich wird? Unordnung und Gerümpel kosten Zeit und Geld – und nicht zuletzt Energie und Nerven. Sich von Altem zu trennen, ob Unterlagen oder brachliegende Kundenkarteien, beendet Stagnation und bringt das Unternehmen und den Einzelnen auf den Erfolgskurs. Jeder kann seinen Erfolg gestalten!

»Gerümpel und Chaos sind alles andere als produktiv: Also weg damit! Lassen Sie sich überraschen von den Veränderungen, die dieser magische Prozess des ›Loslassens‹ nach sich zieht!«

Rita Pohle

Autorin

Dr. Rita Pohle studierte Germanistik, Politologie und Industrial Design. Sie lebt in Stuttgart und arbeitet als selbstständige Interior- und Industrial-Designerin sowie als Feng-Shui-Expertin für Firmen und Privatleute. Sie hält Vorträge und Seminare über Feng-Shui und Space-Clearing.

Rita Pohle

Weg damit! Büro ohne Ballast

Entrümpeln am Arbeitsplatz

Mosaik
bei GOLDMANN

Alle Ratschläge und Hinweise in diesem Buch sind von der Autorin sorgfältig geprüft worden. Eine Garantie kann dennoch nicht übernommen werden. Eine Haftung der Autorin beziehungsweise des Verlags für Personen-, Sach- und Vermögensschäden ist daher ausgeschlossen.

Umwelthinweis:
Alle bedruckten Materialien dieses Taschenbuches sind chlorfrei und umweltschonend.

1. Auflage
Vollständige Taschenbuchausgabe Oktober 2004
Wilhelm Goldmann Verlag, München,
ein Unternehmen der Verlagsgruppe Random House GmbH

Redaktion: Barbara Imgrund, Heidelberg
Umschlaggestaltung: Design Team München
Umschlagfoto: Zefa
Satz: Uhl + Massopust, Aalen
Druck: GGP Media GmbH, Pößneck
Verlagsnummer: 16620
Kö/Schl · Herstellung: Ina Hochbach
Printed in Germany
ISBN 3-442-16620-9
www.goldmann-verlag.de

Inhalt

»Willst du das Geschehen der Welt verändern,

dann bringe zunächst Ordnung ins eigene Leben.«

Chinesische Weisheit

Die Reaktionen der Leser auf mein Buch *Weg damit! Entrümpeln befreit* waren zum großen Teil sehr persönlich; für dieses engagierte Feedback bedanke ich mich. Das Wegwerfen hat manch einen »total erleichtert und befreit«, viele fühlten sich wie »ein anderer Mensch«. Einhelliger Tenor aber ist das »gute Gefühl«, das sich einstellt, wenn man die Dinge in seiner Umgebung endlich im Griff hat.

Wie ein Stein, den man ins Wasser wirft und der Kreise zieht, setzt das Loslassen etwas in Gang. Plötzlich findet sich das neue Büro, der neue Job, ein interessanter Kontakt oder man verliert so ganz nebenbei ein paar Kilos. Ehemals überzeugte »Horter« werden so heftig vom »Entrümpelungsfieber« gepackt, dass ich schon daran dachte, auf diesem Buch einen »Suchtvermerk« anzubringen. Für viele ist das Entrümpeln Teil ihres täglichen Lebens geworden, und es hat darüber hinaus auch ihren Umgang mit den Dingen und ihr persönliches Kaufverhalten beeinflusst.

Andere wiederum sind zwar theoretisch überzeugt, konnten sich aber noch nicht zum Handeln entschließen. Bei manchen meiner Kunden dauert es Jahre bis zum ersten Schritt. Diese Zeit können Sie sich im privaten Rahmen durchaus nehmen: Sie schaden mit Ihrem Gerümpel ja »nur« sich selbst oder nerven damit allenfalls Ihre Familie.

Aber in Ihrem beruflichen Alltag sieht es anders aus: Was Gerümpel ist, wird oft gar nicht erkannt oder nicht als Belastung empfunden. Ganz im Gegenteil, ein chaotischer Schreibtisch steht anscheinend für »kreatives Genie«. Wenn Sie sich mitten im Chaos platzieren oder sich in Ihrem Geschäft mit Gerümpel umgeben, so blockieren Sie damit Ihre kreativen Potenziale! Sie behindern nicht nur sich selbst bei Ihrer Arbeit, sondern schaden damit auch Kunden und Kollegen und somit dem Unternehmen.

Gerümpel und Chaos sind alles andere als produktiv: Also weg damit! Lassen Sie sich überraschen von den Veränderungen, die dieser magische Prozess des »Loslassens« nach sich zieht!

Einleitung: Gerümpel – ein Tabu

Jeder von uns kennt die einschlägigen Architektur-, Design- und Lifestyle-Magazine, in denen moderne Büros und Wohnungen sehr eindrucksvoll in Szene gesetzt sind: die Möbel vom Feinsten, die Räume großzügig und lichtdurchflutet, selbst die Akten und Bücherrücken passen farblich zur Einrichtung. Was auf diesen Fotos meistens fehlt, sind die dort arbeitenden Menschen. Und falls sich doch mal jemand auf ein Foto verirrt, dann ist dieser Jemand ebenso gestylt, die Farbe der Haare passt zu den Möbeln und die der Kleidung zu den Polstern. Weder Mensch noch Raum zeigen Spuren harter Arbeit. Auf diesen Fotos stehen keine Kartons herum, keine Akten stapeln sich auf den Schränken, keine Papierberge türmen sich zusammen mit diversem Krimskrams auf den Schreibtischen. An den Wänden hängen ausgesuchte Kunstwerke und keine kitschigen Kalender und Poster. Die Papierkörbe sind, falls überhaupt vorhanden, immer leer.

Welch Idylle! Diese Fotos gut durchgestylter und -designter Räume entsprechen in keiner Weise der Realität des geschäftlichen und geschäftigen Alltags. Würde dort die wahre »Vielfalt und Fülle« der beruflichen Tätigkeit gezeigt, so müssten die Zeitschriften zwangsläufig ihre Titel ändern. Sie hießen dann passenderweise *Schlimmer Wohnen* oder *Das chaotische Büro*. Aber die Realität will keiner sehen, Unordnung ist schließlich kein akzeptierter »Lifestyle«. Die sichtbaren Spuren des Gebrauchs – und dazu zählen das tägliche Chaos ebenso wie das herumstehende Gerümpel – werden nicht nur in den Printmedien unterschlagen. Das alltägliche Chaos diskutiert man genauso wenig in Seminaren, wie man es in der Fachliteratur thematisiert oder fotografiert. Dieses Thema ist so gut wie tabu.

In den Läden bietet sich ein ähnliches Bild: Geschäfte sind zwar so gestaltet, dass ihre Außenwirkung stimmig und verkaufsfördernd ist, aber die praktische Umsetzung sieht auch hier anders aus: Selbst vor Geschäften, die im Inneren hochwertige und teure Waren anbieten, stehen beispielsweise Kleiderständer mit Sonderangeboten und behindern den Blick auf die Auslagen in den Schaufenstern. Möglicherweise steht daneben auf dem Bürgersteig gar noch ein Pappkarton mit ausrangierten Kleiderbügeln, die für die Passanten zum Mitnehmen gedacht sind; man spart sich somit die »Entsorgung«.

Dieses »armselige« Bild bietet sich auch in anderen Branchen: Im Eingangsbereich exklusiver Raumausstatter stehen Grabbelkörbe, in denen Teppichmuster für einen Euro das Stück angeboten werden. Diese »Notlösungen« sind zwar an der Tagesordnung, werden jedoch in der Fachpresse totgeschwiegen. Tatsache ist, dass dieses Äußere nicht förderlich für den Erfolg eines Geschäftes ist. Ein Geschäft sollte nach außen hin qualitativ das ausstrahlen, was es innen verkauft: Und das wäre Hochwertigkeit, wenn auch die Ware hochwertig ist, und Minderwertigkeit, wenn Ramsch angeboten wird.

In anderen Unternehmen zeigt sich ein ähnliches Bild: In Restaurants sind die Stühle durchgesessen, die Tischdecken haben Löcher, und die Gabeln sind verbogen. Weder Gesundheitsamt noch Restaurantkritik scheint sich dafür zu interessieren, denn beide achten leider nur auf die hygienischen Verhältnisse in der Küche und auf die Qualität der Speisen.

Wohin man kommt, ist Schäbiges allgegenwärtig: Die Möbel mancher Hotelzimmer scheinen Großmutters Erbmasse oder dem Sperrmüll zu entstammen. Das aber zeugt von einer Missachtung des Kunden! Ebenso wenig ernst genommen fühlt sich der Besucher übrigens auch im Foyer eines großen Unternehmens: Er darf auf Sesseln warten, aus deren Armlehnen die Polsterwatte quillt.

Auch an chaotischen Büros scheint sich keiner zu stören. Das Gerümpel ist allgegenwärtig: Ausrangierte PCs stehen in den Ecken, daneben liegen Ordner kreuz und quer herum. Unter den Schreibtischen lauern alte Pappkartons im Kabelsalat, auf den Schreibtischen türmen sich Papierberge, die von diversem Krimskrams durchsetzt sind. Will sich ein Besucher setzen, so müssen zunächst die Stapel alter Prospekte von den Besucherstühlen entfernt und die Ordner auf dem Besuchertisch beiseite geschoben werden. Nicht selten sieht es auch hier aus wie bei »Hempels unterm Sofa«.

Als Angestellter sagen Sie vielleicht: »Es macht mir zwar keinen Spaß, in diesem Durcheinander zu arbeiten, aber ich kann ja sowieso nichts ändern, ich bin ja nicht der Chef.« Und als Chef denken Sie: »Es sind schließlich meine Angestellten, die dieses Chaos produzieren. Ich kann mich nicht auch noch darum kümmern!« Als Angestellter sollte Sie dieses Thema aber sehr wohl interessieren, denn es beeinflusst Ihr persönliches Wohlbefinden und Ihre Leistung. Und als Unternehmer *muss* Sie dieses Thema regelrecht interessieren, da Sie für alle Bereiche Ihres Unternehmens die volle Verantwortung tragen und Gerümpel den Erfolg Ihres Unternehmens beeinträchtigen kann. Dieses Thema betrifft also jeden. Gerümpel ist geschäftsschädigend, also sehen Sie zu, dass Sie es loswerden!

Für Planer wie Architekten, Innenarchitekten, Einrichter oder Gestalter scheint dieses Thema zunächst nicht relevant. Das Problem Chaos und Gerümpel wird oft als rein organisatorisch begriffen: Mehr Schränke müssen her, und damit ist das Problem erledigt. Sobald der Kunde eingerichtet ist, ziehen sich die Planer diskret zurück. Aber für den Kunden beginnt das Chaos früher oder später wieder, wenn er keine entsprechenden Strategien fährt. Darum ist es für professionelle Gestalter besonders wichtig, sich dieses Thema genauer anzusehen. Bereits durch entsprechende Planung und im Prozess der Gestaltung sollte mögliches Chaos im Vorfeld so weit wie möglich verhindert werden.

Wer sich angesprochen fühlt, mag dem entgegenhalten, dass sich hinter seinem »kreativen Chaos« in Wirklichkeit »Genialität« verstecke. Dann müsste es aber – zumindest nach meinen Beobachtungen in den meisten Unternehmen – vor Genies geradezu wimmeln! Es ist jedoch eine Tatsache, dass sich Gerümpel und Chaos auf das Image eines Unternehmens negativ auswirken. Und ebenso nachteilig wirken sie sich auf die Leistungsfähigkeit der darin arbeitenden Personen aus! Gerümpel und Chaos bringen Stagnation und Verwirrung und hemmen den Erfolg eines Unternehmens.

Viele von uns misstrauen dem schönen Schein: Eine gute Gestaltung gerät gern in den Ruch oberflächlicher Ästhetik. Man glaubt, dass gutes Design von fehlenden Inhalten ablenken soll – nach dem

Motto »Außen hui und innen pfui«. Aber warum sollten wir umgekehrt dem »schlechten Schein« vertrauen? Garantiert uns die heruntergekommene Arztpraxis und das unordentliche Büro eines Unternehmensberaters eine exquisite Dienstleistung? Stimmt denn der Umkehrsatz: »Außen pfui und innen hui«? Wohl kaum, denn Ordnung und gute Gestaltung sind nun einmal Teil des unternehmerischen Erfolgs! Ein chaotisches Erscheinungsbild dagegen ist ebenso wie Gerümpel geschäftsschädigend! Sie können es drehen und wenden, wie Sie wollen: Sie kommen am Entrümpeln nicht vorbei! Gerade Unternehmen suchen nach gangbaren Wegen aus dem Chaos und schnell umsetzbaren Strategien zur Verhinderung neuer chaotischer Zustände.

Zunächst gilt also: Weg mit dem Zeug, über das Sie täglich stolpern! Weg mit allem, was Sie schon lange nervt! Weg mit den Dingen, die Sie schon lange nicht mehr (ge)brauchen! Weg mit allem, was absolut schlecht, unschön, schäbig aussieht und nicht zu Ihrem Unternehmen passt! Weg mit dem Schnickschnack, der unprofessionell wirkt! All das ist Ballast, der Ihr Unternehmen belastet und blockiert. Es wird endlich Zeit aufzuräumen! Zeit für ein Space-Clearing! Denn nur ein entrümpeltes, geklärtes und gut gestaltetes Umfeld schafft in jeder Branche die Voraussetzungen für geschäftlichen Erfolg.

1. Das ganz alltägliche Chaos

Entspricht das äußere Erscheinungsbild Ihres Unternehmens Ihrer Unternehmensphilosophie? Spiegelt sich in der Einrichtung Ihrer Räumlichkeiten die Qualität Ihrer Produkte oder Ihrer Dienstleistungen wider?

Der Mensch gestaltet seine Umwelt, und diese gestaltet ihn! Lebt und arbeitet er in einer chaotischen Umgebung, so wirkt sich das auf seine Arbeitsleistung aus. Schlechte Qualität einer Ware oder einer Dienstleistung drückt genauso wie das schäbige Aussehen von Geschäftsräumen und das herumstehende Gerümpel selbst eine Missachtung dem Kunden gegenüber aus. Der Kunde fühlt sich schlecht behandelt und nicht ernst genommen. In jedweder Branche sollte das oberste Ziel eines Unternehmens sein, seinen Kunden zu dienen. Diese Absicht kann sich auch in der hohen Qualität eines Produktes ausdrücken. Ein schlechtes Produkt will man seinen Kunden nicht zumuten – eine schlechte Umgebung offenbar schon eher. Hier fehlt oft die Einsicht, dass beides zusammenhängt. »Er soll mein Produkt und nicht meinen Laden kaufen«, wird gern argumentiert, wenn das Geschäft heruntergekommen und verwahrlost aussieht. Die Missachtung beschränkt sich jedoch nicht nur auf den Kunden, sondern wird auch den Mitarbeitern entgegengebracht. Auch diese scheinen dem Unternehmer »nichts wert zu sein«, ebenso wenig, wie er sich selbst etwas wert ist. Und diese Einstellung drückt eine voll gestellte, unordentliche Umgebung eben aus.

Das Gegenteil von Chaos ist Klarheit. In einem aufgeräumten, übersichtlichen Büro macht das Arbeiten mehr Spaß. In einem klar gestalteten, übersichtlichen Geschäft kauft man lieber ein. Man hat den »Durchblick« und die nötige Übersicht, und die Energien können im Raum frei fließen. Ein aufgeräumtes und klar gegliedertes Unternehmen ohne Gerümpel mit einem hohen Anspruch an gut gestaltete Räume zeigt seinen Kunden gegenüber Achtung und

Wertschätzung. Diese Atmosphäre wirkt sich zusammen mit einem guten Produkt positiv auf die Kundenzufriedenheit aus.

Es wird oft vergessen, dass die Summe aus Produkt, Dienstleistung, Service wie auch räumlicher Gestaltung und äußerem Erscheinungsbild zusammen das Image eines Unternehmens ausmacht. Gerade die Räumlichkeiten sollten in ihrer Gestaltung dem Unternehmen angemessen sein. Wenn sie altmodisch und vernachlässigt daherkommen, dann schließt der Kunde auch auf Nachlässigkeit in der Qualität des Produkts oder der Dienstleistung. Räume sind Spiegel innerer Haltungen und Befindlichkeiten. In Firmenräumen spiegeln sich oft auch die internen Probleme des Unternehmens nach außen hin wider.

Der Inhalt folgt der Form

Das äußere Chaos wirkt nach innen und das innere Chaos wiederum nach außen. Personen, die in einem »verwirrten« Büro arbeiten, wo Durcheinander herrscht, werden in ihrer Arbeitsweise kaum ruhig und strukturiert sein. Die äußere Verwirrung wirkt nach innen, wie die innere wiederum nach außen wirkt. Gleiches zieht Gleiches an und verstärkt es sogar noch. Das erleben wir auch bei den Menschen, die wir tagtäglich treffen. Scheinbar magisch ziehen wir bestimmte Menschen an und treten in Resonanz mit denjenigen, die von unserer momentanen Schwingung angezogen werden. Und allzu oft bringen diese Menschen gerade das mit, was wir an uns am meisten hassen oder ablehnen, denn sie halten uns ja unseren eigenen Spiegel vor.

Ebenso kann es mit Räumen sein: Sie spiegeln unsere innere Befindlichkeit wider. Personen, die auf der Flucht vor Privatheit sind und sich lieber in die Arbeit stürzen, suchen sich oft Wohnungen, die gerade diese Absicht unterstützen. Obwohl sie glaubhaft versichern, dass sie sich in Zukunft öfter zu Hause aufhalten und weniger arbeiten wollen, kann der Grundriss der Wohnung und ihre energetische Ausstrahlung die Absicht der »Flucht« unterstützen. Gerade in Unternehmen zieht manch einer das Chaos geradezu an.

Betrachtet man dieses Phänomen physikalisch, so besitzt jeder Körper, jedes Ding eine Eigenschwingung. Trifft diese nun auf einen Körper, dessen Schwingung identisch ist, so beginnt dieser in derselben Frequenz mitzuschwingen. Das vollkommene Durcheinander eines Raumes schwingt also auf der Frequenz von »Verwirrung« – welcher Art auch immer. Sie kann sich rein äußerlich als Unordnung ausdrücken, mag sich aber auch als psychisches oder emotionales Durcheinander äußern. Um das Chaos auf der materiellen Ebene zu vermeiden, sollte man innere Klarheit schaffen. Ihr wird Klarheit im Außen folgen. Diese Klarheit im Außen, die Abwesenheit von Blockaden und Gerümpel wiederum zieht eine innere Klarheit und Ruhe nach sich.

Äußere Verwirrung erzeugt inneres Chaos

Herrscht im Erscheinungsbild keine Klarheit und bestimmen vielmehr Durcheinander und altes Gerümpel die Optik, so kann dies Ausdruck offener Fragen sein. Vielleicht sind die Hierarchien oder Zuständigkeiten nicht geklärt? Wer ist wofür verantwortlich, wo beginnt und endet die eigene Zuständigkeit? Die fehlenden internen Strukturen, bestimmte Personalprobleme oder Störungen des Betriebsklimas können sich durchaus in räumlichem Durcheinander ausdrücken.

Vergraben sich Mitarbeiter unter einem Stapel Akten oder »horten« Gerümpel, so kann dies auch auf fehlenden Schutz oder mangelnde Distanz zurückzuführen sein. Der Mensch hat bestimmte physiologische Grundbedürfnisse, denen im Raum Rechnung getragen werden muss; dazu gehören Schutz und Flucht. »Ich habe das Gefühl, dass meine Kollegen mir zu dicht auf die Pelle rücken«: Solch eine Aussage zeugt von fehlender Distanz. Hier scheint Flucht nicht möglich, was bei Tieren zu Aggression und beim Menschen zu Unbehagen führt. Nicht gerade wohl fühlt man sich, wenn man so platziert ist, dass man ständig »im Zug« sitzt. In der Folge kann ein solcher Arbeitsplatz zu einer stetigen Personalfluktuation führen.

Die Folgen dieses äußeren und inneren Chaos und die fehlenden Strukturen werden oft unterschätzt und nicht im direkten Zusammenhang mit unternehmerischen Problemen gesehen. Äußerungen, die auf diese Problematik schließen lassen, sind meist diffus. Wenn einige der folgenden Zitate auch von Ihnen sein könnten, dann würde ein Space-Clearing Ihrem Unternehmen zweifellos gut tun:

- Ich habe das Gefühl, in diesem Unternehmen nicht mehr weiterzukommen.
- Ich hätte schon längst eine Gehaltserhöhung verdient.
- Ich habe das Gefühl, bei Entscheidungen oft einfach übergangen zu werden.
- Ich fühle mich von meinem Chef vernachlässigt oder schlecht behandelt.
- An meinem Arbeitsplatz fühle ich mich irgendwie unwohl.
- Mein Arbeitsplatz macht mich unruhig und nervös.
- Irgendeiner sitzt mir ständig im Genick.
- Ich fühle mich oft ausgepowert und müde.
- Ich habe das Gefühl, »im Zug« zu sitzen.
- Ich frage mich abends oft, was ich den ganzen Tag überhaupt gemacht habe.
- Ich habe oft das Gefühl, den Überblick zu verlieren.
- Der Laden ist das reinste Irrenhaus!

Wenn einige der folgenden Aussagen von Ihnen als Chef oder Chefin stammen könnten, dann ist auch in Ihrem Unternehmen eine Klärung vonnöten:

- Ich habe das Gefühl, dass sich meine Mitarbeiter nicht so richtig wohl fühlen.
- Meine Mitarbeiter könnten eigentlich mehr leisten, wenn sie nur wollten.
- Es fehlt meinen Mitarbeitern der Sinn für Gemeinsamkeit und Identifikation.
- Wenn alle so hart arbeiten würden wie ich, dann hätten wir keine Probleme.

- Wenn alle so ordentlich wären wie ich, dann sähe es hier anders aus.
- Ich habe oft das Gefühl, alles allein machen zu müssen.
- Ich muss sie ständig motivieren und auf dem Tisch tanzen.
- Es ist bei uns ein ständiges Kommen und Gehen.
- Ich sitze oft zwischen den Stühlen.
- Für mich und meine Probleme hat keiner Verständnis.

Ein harmonisches Arbeitsumfeld ist die Voraussetzung für Motivation, funktionierende Kommunikation untereinander und ein harmonisches Miteinander im Team. Das geht nicht ohne eine dem Unternehmen zugrunde liegende Philosophie, die ihren Ausdruck im Produkt beziehungsweise in der Dienstleistung und im Erscheinungsbild hat. Die Qualität eines Unternehmens und seines Produkts ist dann nach außen hin sichtbar in der Architektur des Firmengebäudes wie auch in der Gestaltung der Räume, dem Design der Möbel und dem Firmenlogo. Diese im Erscheinungsbild nach außen getragene Unternehmensphilosophie nennt man Corporate Identity (CI). Sie verbindet alle Bereiche eines Unternehmens miteinander.

Authentisches Handeln und Gestalten

Eine hervorragende handwerkliche Leistung oder eine exzellente Dienstleistung nimmt man am ehesten denjenigen Unternehmen ab, die das in ihrem Erscheinungsbild überzeugend darstellen und durch ihr Auftreten und Verhalten auch entsprechend »leben«. Vom Kunden wird die Authentizität eines Unternehmens stillschweigend vorausgesetzt, und daher ist man auch automatisch versucht, Chaos im Äußeren mit Chaos im Innern gleichzusetzen. Eine Firmenidentität hilft, sich sowohl nach innen, also den Mitarbeitern gegenüber, zu präsentieren, als auch nach außen, den Kunden gegenüber. Denn alle interessieren sich für die Frage: Was produziert beziehungsweise leistet das Unternehmen wie für wen mit welcher Absicht? Welche Philosophie, welche Weltanschauung steckt hinter diesem Unternehmen?

Arbeitet es nach ökologischen Gesichtspunkten? Welche Anforderungen hat es an verarbeitete Materialien? Dieser philosophische Unterbau des eigenen Unternehmens sollte jedem Mitarbeiter vertraut sein.

Wenn jedoch nicht klar ist, was das Unternehmen warum tut, dann hat es zweifellos Probleme mit seiner Identität. Und ohne Information ist keine Identifikation der Mitarbeiter mit dem Unternehmen nötig, dann herrscht auf beiden Seiten Unverbindlichkeit. Sie wird sich dann auf der Erscheinungsebene ausdrücken: Auf Gestaltung wird kaum Wert gelegt, der Umgang mit den Dingen erfolgt nicht bewusst, Gerümpel sammelt sich an. Kunststück: Wie auch sollte man von außen richtig eingeschätzt werden, wenn man nicht einmal selbst weiß, wer man ist? Eine Unternehmensphilosophie ist Grundlage für die Klarheit in der Gestaltung. Darauf baut die Gestaltung auf. Denn erst wenn diese steht, kann ich als Gestalter die Ziele des Unternehmens durch meine Konzepte unterstützen. In der Gestaltung der Räumlichkeiten und der Geschäftsausstattung sollen sich ja schließlich die Unternehmensziele widerspiegeln.

Ein völlig durchgestyltes Äußeres ohne die dazugehörende Unternehmensphilosophie kann längerfristig ohne fehlenden Unterbau nicht existieren. Denn wenn der äußere »schöne Schein« durch Inhalte, sprich entsprechende Leistung, nicht gestützt wird, also das Außen nicht zum Innen passt, dann wird dieser Schwindel über kurz oder lang auffliegen. Die Corporate Identity oder das Corporate Design einer Firma ist die logische Verbindung aller erfolgsbestimmenden Faktoren im Unternehmen. Jedes Unternehmen, auch wenn es nur aus einer Person besteht, braucht also zwingend eine Unternehmensphilosophie, die authentisches Handeln genauso wie authentisches Gestalten und Wirtschaften einschließt.

Und wie sieht es mit Ihrer Unternehmensphilosophie aus? Vielleicht führen Sie die folgenden Fragen auf die Fährte:

»Entspricht das äußere Erscheinungsbild Ihres Unternehmens der Qualität Ihres Produkts/Ihrer Dienstleistung?«
Antwort: Ja. (Dann kann man Ihnen nur gratulieren!)
Antwort: Nein, nicht so ganz. (Dann wird es Zeit, etwas zu verändern!)

»Sind Ihr Büro und Ihr Arbeitsplatz Ihrer Position angemessen?«
Antwort: Ja. (Dann müssten Sie sich an Ihrem Arbeitsplatz rundum zufrieden fühlen.)
Antwort: Irgendwie nicht. (Wie sollte das Ihnen angemessene Büro Ihrer Meinung nach aussehen? Oder was könnte am bestehenden Büro verändert werden?)

»Schämen Sie sich manchmal für das Aussehen Ihrer Räume oder entschuldigen Sie sich bei Besuchern für die Unordnung?«
Antwort: Ja, das kommt vor. (Dann sind Sie in guter Gesellschaft! Wahrscheinlich zählen Sie zu den kreativen Chaoten. Aber mehr Ordnung könnte Ihre Kreativität noch steigern!)
Antwort: Nein. (Entweder haben Sie ein wirklich aufgeräumtes Umfeld oder ein dickes Fell.)

»Sind Sie nicht täglich damit beschäftigt, irgendetwas zu suchen?«
Antwort: Ja. (Sie sind nicht allein! Aber mit dieser verplemperten Zeit könnten Sie bestimmt Besseres anfangen!)
Antwort: Nein. (Dann zählen Sie zwar zu einer Minderheit, sind aber anderen auf dem Weg aus dem Chaos schon um Meilen voraus!)

»Haben Sie den Eindruck, dass Ihre Mitarbeiter und/oder Kollegen das Chaos allein zu verantworten haben?«
Antwort: Ja, genau! (Dann haben Sie eine gute Ausrede, selbst nicht entrümpeln zu müssen. Aber könnte es sein, dass das äußere Durcheinander auch etwas von Ihrem Innenleben widerspiegelt?)
Antwort: Nein. (Entweder stehen Sie zu Ihrem Chaos oder Sie sind ein strukturierter Mensch. Und strukturierte Menschen ziehen meist auch solche an!)

2. Gerümpel und Chaos sind geschäftsschädigend

Beschleicht Sie manchmal das Gefühl, Ihr Chaos nicht im Griff zu haben, und würden Sie manchmal am liebsten vor allem davonlaufen? Ist Ihnen Ihre Unordnung anderen gegenüber manchmal peinlich?

In einem privaten Haushalt behindert das herumliegende Gerümpel »nur« die dort lebenden Personen. Das ständige Aufräumen ist anstrengend, das Gerümpel braucht Stauraum. Chaos und Gerümpel in Büros und Unternehmen wirkt jedoch schlicht und einfach geschäftsschädigend: Gerümpel erfordert Schränke, diese nehmen Platz weg, und der kostet wiederum Miete. Ob geschäftlich oder privat: Unordnung bindet also Energien, kostet Zeit und Personal und verursacht somit Ausgaben, die ein Unternehmen besser anderweitig investieren könnte.

Das Chaos wirkt sich außerdem demotivierend auf alle Beteiligten aus. Wenn das Chefbüro unter Papierstapeln erstickt, so fühlen sich die Mitarbeiter nicht gerade aufgefordert, ihren eigenen Arbeitsplatz in Ordnung zu halten. Ein unaufgeräumtes Büro drückt auch eine Haltung der eigenen Leistung gegenüber aus: Wer seinen Arbeitsplatz nicht ernst nimmt, der nimmt es vielleicht auch nicht so genau mit seiner Arbeit. Ein Vorgesetzter, der im Chaos arbeitet, kann seinen Mitarbeitern nur schwer klar machen, dass er erstklassige Arbeit verlangt. Hier entsteht ein Bruch zwischen innerem Anspruch und äußerer Wirklichkeit. Jeder Mensch aber reagiert auf Brüche zunächst unbewusst mit einem Gefühl der Irritation.

Was bewirkt Gerümpel?

Der erweiterte »Gerümpel«-Begriff umfasst all das, was die Ziele eines Unternehmens blockiert. Das können neben dem täglich anfallenden Müll, den ausgedienten Möbeln, defekten und schäbigen

Gerätschaften auch alle Arten von »Altlasten« sein: ein Kundenstamm, den man vom Vorgänger übernommen hat, Verpflichtungen, die man loswerden möchte, Verbindungen, die einem eher schaden. Wenn sich all das belastend auf das Unternehmen auswirkt, so ist es Ballast. Und Ballast blockiert. Solche Blockaden werden im herumstehenden Gerümpel sichtbar und treten dadurch nach außen.

Gerümpel wirkt sich im Unternehmen sowohl nach innen – auf das Betriebsklima und auf die Mitarbeiter – als auch nach außen – auf die Kunden – aus:

- Gerümpel verwirrt
- Gerümpel erzeugt Misstrauen
- Gerümpel frustriert
- Gerümpel erzeugt Fluktuation
- Gerümpel blockiert
- Gerümpel überfordert
- Gerümpel wirkt demotivierend
- Gerümpel verhindert Verantwortung
- Gerümpel macht krank
- Gerümpel beschämt
- Chaos missachtet den Kunden
- Gerümpel wirkt qualitätsmindernd
- Gerümpel raubt Zeit.

Unabhängig davon, wie man Chaos, Durcheinander oder Gerümpel definiert und von welchem Standpunkt aus man diese Phänomene beleuchtet: Sie belasten und blockieren jede Branche und wirken schlicht und ergreifend geschäftsschädigend.

Gerümpel verwirrt

Wenn man Ordnung in sein Leben bringen will, sollte man zunächst seine Umgebung aufräumen. Der Zusammenhang zwischen einem unaufgeräumten Äußeren, einer Dingwelt, die ohne Struktur zu sein scheint, und der inneren Verwirrung ist gerade in einem Unternehmen offensichtlich. Die äußere Verwirrung in Form von Unordnung, von einem Zuviel an Dingen und Gerümpel kann keine innere Klarheit zulassen. Eine aufgeräumte Arbeitsumgebung ist für die Konzentration ebenso wie für die Strukturierung der Arbeit von Vorteil. »Wo soll ich bloß anfangen?«, fragt man sich hingegen in einem Raum, in dem alles wild herumsteht. Oft treten Ordnung und Gerümpelecken in einem Raum an unterschiedlichen Stellen auf, was nicht gerade zur Orientierung in diesem Raum beiträgt. Der Kunde fragt sich: Wird hier ausgezogen oder umgebaut? Komme ich gerade ungelegen? Das äußere Wirrwarr wirkt auch auf den Kunden verwirrend.

Gerümpel erzeugt Misstrauen

Bei denen, die im Chaos arbeiten müssen, erzeugt dieses eine innere Desorientierung. Bei Kunden, die das Chaos von außen betrachten, erzeugt es Misstrauen: Wie kann ich diesem Unternehmen meinen Werbeetat anvertrauen, wenn ich doch annehmen muss, dass er unter Papierbergen begraben wird und mein Auftrag irgendwo im Sumpf versinkt? Wie kann ich diese Firma mit der Reinigung meiner Räume beauftragen, wo sie doch mit der Klärung ihrer eigenen Umgebung überfordert zu sein scheint?

Gerümpel und qualitativ gute Leistung schließen einander nahezu aus. Mit Gerümpel und Durcheinander assoziiert der Mensch zwangsläufig auch Schmutz. Und der Kunde denkt sich: »Wenn dieser Betrieb schon in seinen eigenen Räumen nicht auf Sauberkeit achtet, dann werden seine Mitarbeiter bei mir im Haus bestimmt nach erledigter Arbeit ein ebensolches Chaos hinterlassen.«

Gerümpel frustriert

Wenn man morgens erst einmal aufräumen muss, um mit der Arbeit anfangen zu können, ist der richtige Schwung gleich wieder dahin. Die Motivation ist dann schwer aufzubauen beziehungsweise aufrechtzuerhalten. Der Tag steht wie ein hoher Berg vor einem. Man fürchtet, niemals fertig zu werden, und erlebt selten das Gefühl, irgendetwas geschafft zu haben. Ein nicht aufgeräumter Schreibtisch erzeugt den ständigen Frust, die eigene Arbeit nicht unter Kontrolle zu haben.

Befindet man sich dazu noch in einem Chaos, das man nicht selbst verursacht hat, sondern vom Vorgänger oder von Kollegen übernommen hat, dann ist die Frustration perfekt. Denn das Durcheinander der anderen wird noch deutlicher wahrgenommen als das eigene. Versucht man nun, als ordentlicher Mensch gegen das fremd verschuldete Chaos und das Gerümpel der anderen anzugehen, und trifft in seiner Umgebung keine Mitstreiter, so resigniert man früher oder später. Und beides, sowohl Frustration als auch Resignation, sind nicht gerade gute Voraussetzungen für gute Leistung.

Gerümpel erzeugt Fluktuation

Wenn es zur täglichen Arbeit gehört, über herumstehende Kartons zu stolpern, Aktenstapel von einem Ende des Raums ans andere Ende zu räumen, so erzeugt dies nicht gerade eine positive Bindung an das Unternehmen. Diejenigen, die es sich leisten können – und das sind meistens die Besten –, verlassen das Unternehmen über kurz oder lang. Wenn ein Betrieb Probleme mit Personalfluktuation hat, kann das an seiner chaotischen inneren und/oder äußeren Umgebung liegen. Chaos wirkt nicht bindend, es strahlt eher Unverbindlichkeit aus und führt langfristig zu einer fehlenden Identifikation mit dem Unternehmen. Die Mitarbeiter sind eher auf »Flucht« eingestellt, und einige haben vielleicht auch schon innerlich gekündigt.

Gerümpel blockiert

Gerümpel blockiert und verhindert eine Weiterentwicklung. Es kann auch dazu benutzt werden, sich nicht verändern zu müssen! Aussagen wie »Wenn mir der Betrieb erst gehört, dann räume ich auch auf…« und andere Wenn-dann-Aussagen lassen auf Angst vor Veränderung schließen. Vielleicht kommen diese »Blockaden« ja ganz gelegen? Wie auch immer sie aussehen, ob es sich um Vorstellungen, Dinge oder auch »Altlasten« handelt: Sie hindern Projekte daran, zu gedeihen, und binden Energien, weil man sich ständig um sie kümmern muss. Und sie erzeugen ein Gefühl von Statik, weil sie die Dynamik der Veränderung hemmen.

Offensichtlich ist auch der Zusammenhang zwischen Gerümpel und Entscheidungsfähigkeit. Diese wird blockiert, wenn im Außen Chaos herrscht. Personen, die unfähig sind, sich schnell und verbindlich zu entscheiden, sind oft auch unfähig, sich von ihrem Gerümpel zu trennen.

Gerümpel überfordert

Kennen Sie das: Der Arbeitstag hat noch nicht einmal angefangen, und Sie fühlen sich beim Anblick Ihres chaotischen Arbeitsplatzes bereits überlastet? Ein ständiges Zuviel vor Augen, fehlender Durchblick im Raum, mangelnde Übersicht über die Arbeit, die sich irgendwo unter den Stapeln versteckt, kann das Gefühl der Überforderung erzeugen bis hin zu der Panik, »das nie zu schaffen«.

Fänden sich dagegen nur diejenigen Dinge im Raum, die zur eigenen Tätigkeit gehören, nur die Papiere auf dem Tisch, die bearbeitet werden müssen, so wäre das Chaos nur noch halb so groß, und es könnte mehr Ruhe einkehren. Das weit verbreitete Burn-out-Syndrom entsteht nicht nur durch den tatsächlichen Stress, sondern vor allem auch aus dem Gefühl heraus, dass alles »zu viel« ist und man den Überblick über seine Aufgaben verloren hat. Wer von Natur aus sensibel ist und zu den eher wenig belastbaren Typen zählt, sollte auf eine aufgeräumte Umgebung und leere Flächen besonders großen Wert legen. Ein Übermaß an Unordnung kann einen »visuellen Druck« erzeugen, dem man sich nicht gewachsen fühlt.

Gerümpel wirkt demotivierend

Eine chaotische, nicht aufgeräumte Arbeitsumgebung wirkt, wie bereits festgestellt, demotivierend auf alle Mitarbeiter – vor allem, wenn, wie im Fall mancher Geschäfte, der Unterschied zwischen »vorn« und »hinten« besonders auffallend ist. Die vorderen Kundenräume sind klar gegliedert und übersichtlich, aber in den hinteren Räumen stolpert man über Kisten und Krempel. Hier fühlen sich die Angestellten im Vergleich zu den Kunden vernachlässigt. Zu Recht!

Und das wirkt sich nicht gerade anregend auf die Motivation der Mitarbeiter aus.

Manchmal versuchen neue Mitarbeiter, »Ordnung« in ein chaotisches Unternehmen zu bringen. Wenn dies an der fehlenden Mitwirkung der anderen Kollegen scheitert, führt das zu Resignation. Das Gefühl, »hier ja doch nichts ändern« zu können, schmälert die Motivation. Und diese ist zusammen mit der Identifikation eine der unabdingbaren Voraussetzungen für gute Leistung. Zu einem chaotischen Unternehmen jedoch geht ein Mitarbeiter »auf Distanz«, was die Identifikation mit dem Unternehmen nicht gerade fördert! Wer ist schon stolz darauf, in einem »Schweinestall« zu arbeiten? Wer sich aber innerlich distanziert, der ist auf dem besten Weg, innerlich zu kündigen!

Gerümpel verhindert Verantwortung

In manchen Fällen lässt sich der Verursacher der Unordnung fassen. Vielleicht sieht man es seinem Arbeitsplatz an, der im Gegensatz zum Rest der Firma ein Schlachtfeld ist. In diesem Fall könnte man den Kollegen selbst in die Pflicht nehmen und ihm nahe legen, seinen Bereich aufzuräumen. Schwieriger ist es umgekehrt, wenn im Großteil des Unternehmens das Durcheinander herrscht. Chaos zieht Chaos an. Steht erst einmal irgendwo ein leerer Pappkarton, dann werden sich »wie von selbst« weitere dazugesellen. Wer sie dorthin gestellt hat und sie somit auch wieder wegräumen müsste, lässt sich dann nicht mehr zurückverfolgen.

Diese magische Anziehungskraft breitet sich in Windeseile im ganzen Unternehmen aus. In der Küche stellt jemand seine schmutzige Kaffeetasse ab, und – schwupps – plötzlich kommt es zur wundersamen Vermehrung der gebrauchten Tassen. Ab und zu findet sich vielleicht ein Opfer, das aufräumt. Aber insgesamt deutet dieses Verhalten darauf hin, dass sich keiner zuständig und somit verantwortlich fühlt. Diese »Ich war's nicht«-Mentalität kann sich bis hinein in die betrieblichen Bereiche fortsetzen. Denn dieses Äußere spiegelt ja nur das Innere wider. In diesem Fall könnte man eine Veränderung auf der äußeren Ebene durch eine gemeinsame Entrümpelungsaktion versuchen. Dann könnte, von der »Nullebene« ausgehend, wieder jeder Verantwortung für sich selbst und damit auch für das Unternehmen übernehmen.

Gerümpel macht krank

Der äußere Eindruck von Gerümpel kann sich bei empfindlichen Menschen auf einer körperlichen Ebene in Form von gesundheitlichen Beschwerden manifestieren. Beweisen lässt sich das nicht, aber Beobachtungen in meiner täglichen Praxis legen diese Zusammenhänge nahe. Ein voll möblierter Raum, in dem dazu noch Kartons und Papier, alte Ordner und sonstige Gegenstände herumliegen, ist ohne Zweifel nicht leicht sauber zu halten. Personen mit Atemwegserkrankungen und Stauballergien werden hier sicher nicht glücklich. Schon allein das Gefühl von Enge und schlechter, trockener Luft kann Symptome auslösen. Darum sollte ein hoher Krankenstand immer auch auf einen möglichen Zusammenhang mit den Räumen hin gesehen und überprüft werden.

Interessant ist auch der Zusammenhang zwischen Übergewicht und Gerümpel. In einigen, von mir beobachteten Fällen ging parallel zu den Entrümpelungsaktionen eine erhebliche Gewichtsreduktion einher. Meine erste Empfehlung bei Übergewicht und nicht klar definierten, diffusen Krankheitssymptomen, ebenso bei Depressionen wäre im Bereich des täglichen Umfelds das Entrümpeln (selbstredend kann dies nur eine medizinische Behandlung ergänzen, nicht ersetzen!).

Gerümpel beschämt

Wenn man das Gefühl hat, die Kontrolle über seinen Arbeitsplatz oder seine Räumlichkeiten verloren zu haben, weil einem »alles über den Kopf wächst«, dann fühlt man sich peinlich berührt. Das eigene Unwohlsein bleibt auch Kunden und Besuchern nicht verborgen. Man möchte am liebsten keinen Menschen empfangen, weil man ewig ein schlechtes Gewissen hat. Man schämt sich in Anbetracht der eigenen Unfähigkeit, seinen Laden in den Griff zu bekommen. Gegenüber Kunden und Besuchern von außen erzeugt das wiederum ein Gefühl von Schwäche. Und wenn wir Schwäche zeigen, sind wir nicht gerade die richtigen Geschäftspartner. Das Gefühl der Scham führt zwangsläufig in die Isolation. Lieber empfängt man keinen Besuch, lieber verzichtet man auf die persönlichen Gesprächstermine oder verlagert sie nach außen. Das Gefühl von Scham kommt beim anderen in Form von Unsicherheit an. Und mit Partnern, die sich unsicher verhalten, schließt man nur ungern Geschäfte ab.

Chaos missachtet den Kunden

Der Kunde ist König, und dazu gehört auch, dass er nicht mit möglichen Problemen des Unternehmens belästigt werden möchte. Dass die Putzfrau »heute krank« ist, interessiert keinen, der Laden hat trotzdem sauber zu sein. Lautstarke Telefonate mit bockigen Lieferanten unfreiwillig mitzuhören ist sowohl Mitarbeitern als auch Kunden unangenehm. Hierbei handelt es sich um »Gerümpel« auf einer energetischen Ebene. Es berührt einen ebenso peinlich wie das sichtbare Durcheinander.

Diese Missachtung dem Kunden gegenüber kann auf dessen Seite zu unfreundlichen Reaktionen führen. Sie haben oft meckernde Kunden, Kunden, die zu viel verlangen oder die versuchen, Ihre Preise zu drücken? Auch das kann ein Zeichen von Blockaden in Form von Gerümpel innerhalb Ihres Unternehmens sein. Wen man zum Kreis der Kunden zählt, ist abhängig vom Blickwinkel und Standpunkt: In einer erweiterten Definition kann man als Chef durchaus auch seine Mitarbeiter zu den Kunden zählen. Diese sollte man ebenso mit Respekt behandeln wie – von der Mitarbeiterwarte aus – den Chef.

Jeder sollte jedem Anerkennung und Wertschätzung entgegenbringen. Und das kann sich durch eine entsprechende Haltung ebenso wie durch eine gute Gestaltung ausdrücken. Eine ansprechend gestaltete und aufgeräumte Umgebung schafft die Voraussetzung für eine höhere Motivation, für den »Stolz« der Mitarbeiter auf ihr Unternehmen und eine daraus resultierende Identifikation mit ihrem Betrieb. Klarheit und eine gute Gestaltung sind Wirtschaftsfaktoren! Gerümpel dagegen ist kontraproduktiv.

Gerümpel wirkt qualitätsmindernd

Ein Übermaß an Dingen mag auf den ersten Blick nach Fülle aussehen, auf den zweiten Blick jedoch verbirgt sich dahinter ein Sammelsurium an weniger Wertvollem. Ein überladenes Antiquitätengeschäft kann »zugemüllt« erscheinen, obwohl jeder einzelne Gegenstand an sich einen Wert repräsentiert. Ein übersichtliches Geschäft, in dem die wertvollen Stücke als einzelne Waren präsentiert werden, hebt nicht nur den Preis, sondern auch die Wertschätzung.

Ebenso wenig ziehen schlecht gekleidete und ungepflegte Verkäufer »hochwertige« Kundschaft an. Wollen Sie in Ihrem Geschäft und mit Ihren Produkten eine gewisse Zielgruppe ansprechen, so müssen Sie sich äußerlich auf diese einschwingen. Aber Gerümpel signalisiert »Armut«, und diese lockt nur wieder Armut an. Sieht die Ausstattung eines Geschäfts heruntergekommen aus, so kann auch die qualitativ hochwertige Ware hier kaum ihre Kunden finden. Ein Unternehmen, das von seinen Kunden »Mitleid« erhofft, kann nicht mit Aufträgen rechnen! Wenn qualitativ Hochwertiges in einer qualitativ minderwertigen Umgebung verkauft wird, dann färbt das Ambiente auch auf das Produkt ab. Denn die Qualität einer Ware oder auch einer Dienstleistung wird vom Kunden damit in Zusammenhang gebracht, in welcher Umgebung und wie sie verkauft wird.

Gerümpel raubt Zeit

Wenn uns alles zu viel wird, haben wir von einem zu wenig: Zeit. Warum wollen wir uns also von dieser ohnehin schon knappen Ressource durch ständiges Suchen, Sortieren, Hin- und Herräumen noch mehr rauben lassen? Wie viel Zeit verbringen Sie tagtäglich mit der Suche nach Ihrem Handy, das unter irgendeinem Papierstapel vergraben klingelt? Es kostet Zeit, die Briefe zu öffnen, sie zu lesen, zu beantworten. Aber noch mehr Zeit kostet es, sie beiseite zu legen, wieder zu suchen, nochmals zu lesen und dann erst zu beantworten. Erst recht, um dann festzustellen, dass es sich dabei um uninteressante Werbung handelt. Hätten Sie diesen Brief gleich nach dem ersten Lesen weggeworfen, so hätten Sie sich das zweite Mal erspart! Die Zeit, die man damit verbringt, die Dinge zu suchen, die keinen eigenen Platz haben, oder sie von einer Ecke in die andere zu räumen, abzustauben und wieder hinzustellen. Wenn Sie die Dinge in Ihrer Umgebung unter dem Zeitaspekt betrachten, wird Ihnen das eine neue Sicht eröffnen auf das, was Sie eventuell blockiert, was Sie bisher allerdings noch nicht wahrhaben wollten.

- Hinter jedem Stück Gerümpel versteckt sich ein Problem.
- Gerümpel hemmt die Entscheidungsfähigkeit.
- Was das Image eines Unternehmens ausmacht, ist die Summe aus Produkt, Dienstleistung, Service ebenso wie auch der räumlichen Gestaltung und dem äußeren Erscheinungsbild.
- Gute Produkte brauchen ein gut gestaltetes und aufgeräumtes Umfeld.
- Räume sind Spiegel innerer Befindlichkeiten und interner Probleme.
- Das äußere Chaos wirkt nach innen und das innere Chaos wiederum nach außen.
- Die Klarheit im Außen, die Abwesenheit von Blockaden und Gerümpel wiederum zieht eine innere Klarheit und Ruhe nach sich.

3. Das Chaos hat viele Gesichter

Was stellt für Sie persönlich Gerümpel dar? Was belastet Sie am meisten? Schauen Sie sich in Ihren Räumen um: Was ist Ihnen dort zu viel? Worauf können Sie gut und gern verzichten? Wovon wollten Sie sich schon lange trennen?

Bringen wir zunächst einmal Ordnung ins Chaos der Begrifflichkeiten: Was sich in den Räumen als Chaos zeigt, muss noch lange nicht aus Gerümpel bestehen, vielleicht liegen hier hochwertige, noch brauchbare Dinge einfach nur wirr herum. Und was sich nach außen hin ganz ordentlich präsentiert, kann in Wirklichkeit aus lauter Gerümpel bestehen. Manche haben ein großes Talent darin, altes Zeug fein säuberlich geordnet zu präsentieren oder in Schränken zu verstecken.

Wo auch immer es sich aufhält, wie auch immer wir es nennen, eins ist sicher: Gerümpel und Chaos belasten ein Unternehmen. Sie sind folglich ein geschäftliches Hindernis oder schlicht und einfach Ballast.

Vielleicht herrscht auf Ihrem Schreibtisch das »totale Chaos«? Mehrere Schichten übereinander, die anscheinend keine Struktur haben, zumindest nicht für andere. Die hinter dem persönlichen Chaos liegenden Gesetzmäßigkeiten durchschaut man oft nur selbst. Sie selbst wissen, was über dem einen oder was unter dem anderen Stapel liegt. Ein und dasselbe Erscheinungsbild wird von zwei Betrachtern also nur unterschiedlich interpretiert. Für den Außenstehenden ist Ihr Chaos jedoch eine ihm unbekannte Welt. Für Sie ist Ihr Chaos dagegen ein scheinbar stabiler Zustand, der aber nur so lange stabil bleibt, wie nicht von außen eingegriffen wird. Wehe, es legt einer etwas dazu, nimmt etwas weg oder rückt die Stapel in Reih und Glied, dann »kippt« das Ganze, und das Durcheinander ist perfekt!

Was in Ihrem persönlichen Umfeld oder wenn Sie allein arbeiten ganz und gar Ihr Problem ist, kann im Geschäftsleben zum Desaster werden! Denn dort muss sich im Krankheitsfall auch ein anderer in Ihren Unterlagen zurechtfinden. Das Unternehmen muss weiter funktionieren, die Projekte müssen weiterhin abgewickelt werden können, auch wenn Sie plötzlich ausfallen. Und für solche Situationen sind Übereinkünfte nötig, und zwar in Form einer gewissen Übersicht und einer für andere nachvollziehbaren »Gliederung«. Eine Ordnung ist vonnöten, die eine überschaubare Struktur in das nach außen hin als solches erscheinende Chaos oder Durcheinander bringen sollte.

Hinter dem Begriff des »kreativen Chaos« verschanzt sich der Typ Mensch, der nicht im Stande ist, Struktur in seine Arbeit zu bringen. Oft leidet er selbst am meisten unter seinem Chaos, aber er leidet heimlich und ärgert sich über sich selbst, da er ständig am Suchen ist. Nach außen hin würde er das natürlich nie zugeben. Aber ein nach außen hin sichtbares Chaos lässt nicht gerade auf innere Ruhe und coole Professionalität schließen. Das Chaos kann (muss aber nicht) aus »Gerümpel« bestehen. Denn Gerümpel kann durchaus auch aufgeräumt daherkommen. Wenn es geordnet und in Schränken verstaut ist, mag es zunächst gar nicht nach außen hin ins Auge fallen. Erst wenn es aus seinem Versteck kriecht, weil es dort keinen Platz mehr hat, mutiert es zum Ballast.

Gerümpel: Eine Definition

Kram, Plunder, Krempel – egal wie immer man »Gerümpel« auch nennt, gemeint sind immer Dinge, die im Weg herumstehen oder -liegen, vielleicht auch unnötig sind, vielleicht selten verwendet werden. Einen Gebrauchswert können sie, rein theoretisch, noch haben. Die alte Schreibmaschine mag durchaus noch funktionieren, aber wenn sie keiner mehr benutzt, sie also nur noch Platz wegnimmt und stört, dann ist sie Gerümpel. In einem anderen Zusammenhang, an einem Ort, an den sie gehört, beispielsweise in einer Sammlung, kann sie eine andere Funktion einnehmen. Dann kann sie plötzlich vom Gerümpel zum seltenen Sammlerstück werden. Aber sie braucht dazu ihren richtigen Platz.

Gerümpel deckt ein breites Spektrum ab. Es reicht vom Müll über durchaus noch Brauchbares bis hin zu Ihrer ganz persönlichen Einschätzung dessen, was für Sie persönlich Gerümpel ist:

- Müll, Abfall
- Gerümpel, Kram, Plunder, Trödel, altes Zeug, Krempel
- leere Verpackungen
- Papier
- lange nicht Gebrauchtes, nicht mehr Benutztes
- Defektes, Kaputtes, Schäbiges
- Veraltetes
- Antiquitäten, Erbstücke und Sperrmüll
- Trophäen, Waffen
- Überschuss an Material und Dingen
- alles, was Sie persönlich als Gerümpel definieren
- manche Geschenke
- alles, was keinen Platz hat und nur umgeräumt wird
- was einem nicht selbst gehört
- Sonstiges

Umgangssprachlich steht Gerümpel für all das, was nicht unbedingt gebraucht wird, vielleicht auch schon defekt ist und seinen Weg in den Müll noch nicht gefunden hat. Kaputtes muss repariert werden! Und wenn es monatelang herumliegt, ohne den Weg zur Reparatur zu finden, dann kann es genauso gut gleich entsorgt werden. Alles, was lange nicht mehr gebraucht wurde, kann weg. Alles, was heruntergekommen und schäbig aussieht, ebenso! Denn diese Dinge schaden dem Unternehmen.

Die Definition von Gerümpel ist von Mensch zu Mensch verschieden. Für den einen gehört es zur Arbeit dazu, vier Taschenrechner auf dem Schreibtisch zu haben, für den Fall, dass mal einer den Geist aufgibt. Der defekte bleibt dann natürlich weiterhin dort liegen. Für den anderen wiederum ist schon das kleinste Blatt Altpapier Gerümpel, das Tag für Tag entsorgt werden muss. Die Definition von Gerümpel ist also auch Ansichtssache.

Gerümpel braucht Platz. Ein Unternehmen, das »zu viel« Platz hat und daher nicht wirtschaftlich mit Raum umgehen muss, ist jedoch selten genug. Daher sollte man alles, was nicht unmittelbar dem unternehmerischen Ziel dient, aus den Räumlichkeiten entfernen. Das können Pflanzen sein, die sich im Laufe der Zeit unbegrenzt ausbreiten durften, ebenso wie Bücher, die keinen Platz mehr in den Regalen finden. Schauen Sie sich in Ihren Räumen um: Was ist dort zu viel? Worauf können Sie gut und gern verzichten? Auch all das, was lange nicht gebraucht wurde, sollte hinterfragt werden. Sie hatten den Briefbeschwerer seit einem Jahr nicht in der Hand? Er liegt einfach so herum, ist nicht einmal besonders schön und bedeutet Ihnen eigentlich auch nichts? Dann trennen Sie sich doch von ihm! Verschenken Sie ihn oder werfen Sie ihn weg.

Ebenso wenig ist Ihr Büro ein Lagerraum für Materialien. Diese gehören entweder in die Schränke oder in ein Archiv. Das Zuviel an Ordnern, unter denen sich die Regale biegen, kann ebenso störend wirken wie ein Übermaß an Bildern an der Wand. All das, was Ihnen persönlich als zu viel erscheint, ist für Sie auch zu viel. Schaffen Sie eher etwas mehr Leere, denn sie füllt sich im Laufe der Zeit von allein wieder.

Das Zuviel an Dingen um uns herum wirkt sich auf unsere innere Befindlichkeit aus. Es wird uns leicht auch alles andere »zu viel«. Stress erträgt man eher in einer Umgebung, die eher asketisch eingerichtet und durch Kargheit geprägt ist. Auch auf den Kunden wirkt das »Zuviel« nicht positiv. Ein Überangebot an Ware in einem Geschäft kann einen Kunden eher überfordern, als dass es ihm sinnvoll erscheint. Die Fülle und das Durcheinander wirken nicht inspirierend auf eine Kaufentscheidung. Ihm fällt schnell ein, dass er zu Hause ja schon auch »viel zu viel« hat und eigentlich gar nichts braucht.

Ihr ganz persönliches Gerümpel

Egal, was andere dazu meinen: Alles, was für Sie ganz persönlich Gerümpel ist, was Sie als Krempel, Kram, Plunder betrachten, sollten Sie aus Ihrer Umgebung entfernen. Für den einen ist der alte

Korkenzieher durchaus schön und noch brauchbar, während er den anderen nervt, weil er so unpraktisch und hässlich ist. Den Maßstab bestimmen Sie allein! Sie umgeben sich sowohl privat als auch geschäftlich mit Dingen, die Ihnen entweder nützen oder schaden. Also betrachten Sie einmal alles um sich herum unter diesem Aspekt und entscheiden Sie selbst!

Meine ganz persönliche Definition von Gerümpel umfasst auch all die Dinge, die mich ärgern. Da hat jeder von uns seine ganz persönlichen Toleranzen. Aber mich ärgert schon das schlechte Aussehen eines Faxgerätes, wenn es in meinem Büro stehen soll. Gefällt es mir rein optisch nicht, so kaufe ich es gar nicht erst. Denn wenn es da herumsteht, ärgere ich mich jeden Tag, dass ich für so etwas Hässliches Geld ausgegeben habe. Ebenso geht es mir mit Geräten, wie beispielsweise dem Telefon, die nicht kinderleicht zu bedienen sind. Jedes Mal, wenn ich eine neue Nummer speichern möchte, muss ich in der Bedienungsanleitung nachlesen. Ich kann es mir einfach nicht merken, welche Tastenfolge ich wie betätigen muss. Das Design der Geräte gibt längst keine Auskunft mehr über die Handhabung. Solche Dinge, die uns ärgern, werden viel eher auf dem Schrott landen als Dinge, die vielleicht etwas abgenutzt sind, aber noch einwandfrei funktionieren. Dieser tagtägliche Ärger summiert sich und ist alles andere als motivierend für einen langen anstrengenden Tag!

Dinge, die uns dumm aussehen lassen, weil wir sie nicht bedienen können, schaden uns ebenso. Als Kundin ärgere ich mich über die Dummheit des Verkäufers, der nicht in der Lage ist, das Telecash-Gerät zu bedienen. »Jetzt kaufe ich hier so teuer ein, und nun stiehlt man mir nur meine kostbare Zeit!« Dabei mag es durchaus am Gerät liegen, aber der Unmut, den ich entwickle, trifft nicht die Firma, die das Telecash-Gerät produziert, sondern das Geschäft, in dem ich gerade einkaufe. Darum sollte man bei der Auswahl von Geräten darauf achten, dass die Angestellten damit umgehen können. Denn im anderen Fall stehen sie »dumm« da vor dem Kunden, verlieren ihr Gesicht und fühlen sich ertappt. Das trägt auf keinen Fall zu einem harmonischen Betriebsklima bei. Also meiden Sie solche Geräte!

Ihre persönliche Definition des Begriffs »Gerümpel«:

____

Was wollen Sie sofort wegwerfen?

____

Was stört Sie schon lange?

____

Was ist für Sie Ballast und nicht unbedingt nötig?

____

Was behindert Sie bei Ihrer Arbeit?

____

Was ist Ihnen »zu viele«?

____

Welche drei Dinge würden Sie mit auf eine einsame Insel nehmen?

____

____

____

4. Space-Clearing: Das Alte geht, das Neue kommt

Haben Sie heute schon etwas weggeworfen? Schauen Sie sich um: An welchen Dingen hängt Ihr Herz wirklich und wovon würden Sie sich gern sofort trennen?

Die einfachste Art, die Dinge zu verändern oder Veränderungen herbeizuführen, ist die, sich von altem Ballast zu lösen. Äußerungen wie »Wir müssen dringend umbauen, damit sich im Unternehmen etwas verändern kann« oder »Wenn erst die neue Büroeinrichtung da ist, wird alles besser« zeigen, dass man sich vor wirklichen Veränderungen eigentlich drücken möchte. Auch werden gern hohe Kosten als Vorwand vorgeschoben: »Ich würde ja gern meinen Betrieb umkrempeln, aber was das kostet!« Dabei sind grundlegende Veränderungen, eben das »Umkrempeln«, oft so einfach und mit fast keinen Kosten verbunden: Entrümpeln Sie Ihr Unternehmen und räumen Sie Ihren Laden doch erst einmal auf! Diese Idee ist ohne viel Aufwand von jedem sofort in die Tat umzusetzen. Der Mensch hat es lieber komplizierter. Er misstraut dem Einfachen.

Aber auch bei einer Neugestaltung führt kein Weg daran vorbei: Zunächst einmal ist ein Space-Clearing angesagt! Dieser dem Englischen entlehnte Begriff umfasst alle Schritte eines Prozesses, die hin zu mehr Klarheit führen – hin zum Endzustand: einem geklärten, gereinigten, klaren »Platz«, Raum oder Freiraum. Space-Clearing kann frei übersetzt werden mit

- Platz schaffen, indem man Altes entsorgt
- Freiräume schaffen
- Räume und Situationen klären
- Klarheit schaffen

Der gesamte Prozess steht für die Beseitigung von Unordnung wie auch für das »Ausmisten« und Entrümpeln von Räumen. Erst nach erfolgter Klärung kann dem Raum eine Aufgabe oder Funktion zugeordnet werden, kann er gestaltet, aufgeladen und entsprechend genutzt werden. Ähnlich wie in anderen Bereichen des Lebens ist zunächst einmal Klarheit durch erfolgte Klärung nötig, um die Voraussetzungen für eine Veränderung zu schaffen. Denn wenn nichts Altes geht, kann auch nichts Neues dazukommen!

Das Space-Clearing kann zunächst mit einer Entrümpelungsaktion beginnen, aber es ist noch viel mehr als das. Es ist kein einmaliges Ereignis, sondern ein ständig währender Prozess. Wenn nicht der tägliche Umgang mit den Dingen verändert wird, wenn das Zuviel nicht unter Kontrolle gebracht wird und wenn mehr Dinge ihren Weg in den Raum finden, als ihn verlassen, so hat man nach wenigen Wochen das gleiche Chaos wie vorher. Darum müssen Strategien her, die die Balance zwischen Altem und Neuem bewahren können. Denn wenn das System kippt, dann können Sie in einigen Monaten mit dem Entrümpeln wieder von vorn beginnen.

Die Kisten-Methode

Mehr als die Bereitschaft, endlich Klarheit im Unternehmen zu schaffen, und ein paar Müllsäcke brauchen Sie nicht, um sofort anzufangen! Grob lassen sich die Dinge in zwei Lager teilen: Gerümpel und Wichtiges. Das Erstere fliegt raus, und der Rest braucht einen richtigen Platz. Also los geht's! Sie sollten Raum für Raum von vorn nach hinten, Schrank für Schrank von unten nach oben durchgehen und sich bei jedem Objekt, das Sie in die Hand nehmen, die folgenden Fragen stellen:

- Brauche ich dich wirklich?
- Erleichterst du mir die Arbeit?
- Bist du noch auf dem aktuellen Stand der Technik?
- Bereicherst du mein Arbeitsleben?
- Muss ich dich aufbewahren?
- Machst du mich glücklich?

Haben Sie mindestens zwei dieser sechs Fragen mit Nein beantwortet, so ist der Gegenstand »fällig« für eine der folgenden Kisten: Kiste

Nummer eins enthält den »echten« Müll, der hinausfliegt und endgültig entsorgt wird. Alle Kisten mit der Nummer zwei enthalten Dinge, die zwar noch gebrauchsfähig sind, aber schon länger nicht mehr benutzt wurden. Sie verlassen ebenfalls den Raum. Manche wandern ins Archiv, andere können verkauft oder verschenkt werden, wieder andere müssen endlich zu ihrem wahren Eigentümer zurückfinden. Wichtig ist Folgendes: Wenn eine Kiste Nummer zwei nach einem halben Jahr immer noch irgendwo im Haus herumsteht, »steigt« sie automatisch in die Kategorie eins auf und wird somit Müll! In die Kiste Nummer drei kommen vorübergehend alle Gegenstände, die wichtig sind und im Raum bleiben werden. Ihnen wird ein angemessener Platz zugewiesen: Das kann der alte, aber auch ein neuer sein. Wichtig ist nur, dass jedes Ding seinen eigenen Platz hat.

Kiste Nummer eins: Der echte Müll

Der Abfall, der sich Tag für Tag ansammelt, besteht sowohl aus Lebensmittelabfällen als auch aus anderen Materialien, wie Verpackungen, Papier und Sonstigem. Fein säuberlich getrennt, sollte er jeden Tag sofort entfernt beziehungsweise bis zur Abholung entsprechend gelagert werden. Dieser Müll wie auch die Mülleimer oder -säcke sollten weder in Büro- noch in den Geschäftsräumen, aber auch nicht in den Eingangsbereichen aufgestellt werden und weder Auge noch Nase belästigen. Dieser Müll an sich stellt das kleinste Problem dar. Er wird normalerweise regelmäßig entsorgt.

Problematisch ist nur, dass vieles nicht zum Müll gezählt wird und in der vagen Hoffnung, man könnte es ja vielleicht noch einmal brauchen, irgendwo in der »Warteschleife« gelagert wird. Die Dinge, die schon auf dem Weg zum Mülleimer sind, wie beispielsweise uralte Ordner, sind plötzlich »eigentlich noch zu schade zum Wegwerfen« und landen dann in einem anderen Raum, an einem anderen Platz. Wer keine Probleme hat, alte Dinge als Müll zu definieren und sie wegzuwerfen, hat meistens auch kein Problem mit dem Gerümpel. Denn dieses ergibt sich ja erst daraus, dass das Wegwerfen zeitlich aufgeschoben wurde. Die Einstellung, alles eventuell noch mal brauchen oder auch reparieren zu können, macht Gerümpel aus Dingen, die eigentlich Müll sind.

Je nachdem, wie viel Müll in Ihrem Unternehmen anfällt, kann diese Kiste aus einem Mülleimer oder auch aus einem Sperrmüll-Container bestehen. Hier landet all das, was wirklich entsorgt werden kann und für das kein anderer mehr Verwendung findet. Natürlich sollte auch beim Entsorgen auf die Mülltrennung geachtet werden. Also stellen Sie sicher, dass genügend Gelbe Säcke, Kartons für den Papiermüll und Tüten für den Hausmüll zur Verfügung stehen. Gerade im Bürobereich bestreitet das Altpapier einen großen Teil des Mülls. Stellen Sie sicher, dass vertrauliche Unterlagen nicht einfach so im Altpapier landen, sondern vorher durch den Reißwolf gehen. Altes Werbe- und Prospektmaterial gehört genauso in die Kiste Nummer eins wie alle defekten, angeschlagenen und nicht mehr funktionierenden Dinge.

Tragen Sie auch Sorge dafür, dass all das, was heruntergekommen und schäbig aussieht, endlich den Weg alles Irdischen geht! Der Zahn der Zeit nagt nun mal an den Dingen. Wenn Sie sich schwer tun, fragen Sie sich doch einmal, wie alt das betreffende Teil ist, denn oft unterschätzt man das wahre Alter der Dinge. Und ein zehn Jahre alter, inzwischen wackliger Bürostuhl kann wirklich langsam mal ersetzt werden! Er ist ein Fall für den Sperrmüll, der entweder gleich abgeholt wird oder bis zur nächsten Abholaktion zwischengelagert werden kann.

Der Verpackungsmüll

Kaum ein Büro kommt ohne leere Kartons aus, ob nun in oder auf den Schränken. Die zunehmende Aufrüstung mit neuen Geräten zieht immer auch Kartonagen nach sich. Jedes noch so kleine Gerät ist sicher verpackt, und diese Verpackung ist natürlich größer als das Gerät selbst. Aus Garantiegründen sollte man im ersten Jahr die Verpackung aufbewahren. Meistens jedoch verliert man im Alltag das Zeitgefühl, und so stehen diese Kartons oft jahrelang im Büro herum. Falls Sie den Karton eines neuen Geräts aufbewahren wollen, so schreiben Sie groß mit Filzstift sein »Verfallsdatum«, also ein Jahr ab dem Kauf, oben auf die Schachtel. Dann kommt er ins Archiv oder in den Keller. Auf keinen Fall bleibt er im Büro. Wenn Sie Ihren Keller regelmäßig entrümpeln, können Sie gleich auch die alten Kartons entsorgen!

Ebenso wie die anderen Kartons. In ihnen war vielleicht nur Papier, das längst aufgebraucht wurde. Der Karton überlebt jedoch, weil man ihn vielleicht noch einmal für die Aufbewahrung oder als Verpackung brauchen könnte. Die Anzahl der Verpackungen, die Tag für Tag den Weg ins Unternehmen finden, übersteigt meistens die Menge, die man irgendwann einmal wieder gebrauchen könnte. Werfen Sie sie weg! Es kommen ja täglich neue nach.

Der Papierberg

Kein Tag vergeht, an dem nicht eine neue Flut von Papier Ihr Büro überschwemmt: Werbung, Zeitschriften, Infomaterial, Prospekte, Briefe und Rechnungen. Es ist zwar schade um den Aufwand, um die Verschwendung von wertvollen Rohstoffen und aufwändigen Herstellungsverfahren, aber Werbung ist Werbung und daher Müll, schon wenn sie im Briefkasten landet. Bevor dieser Müll noch lange auf Ihrem Schreibtisch liegt, werfen Sie ihn doch gleich in den Papierkorb. Entscheiden Sie jeden Tag sofort nach Posteingang, was gelesen und gebraucht wird und was sofort in der »Zentralablage« des Papierkorbs landet.

Kommt eine neue Zeitung ins Haus, so fliegt sofort die alte, selbst wenn sie noch ungelesen ist, hinaus! Nur so kann langsam ein Gleichgewicht entstehen und der Papierberg möglichst klein gehalten werden. Gehen Sie Ihre Unterlagen durch: Auch bei Ihnen lagert Papier in Form alter Zeitungen, Unterlagen oder Prospekte oft jahrelang in den Regalen, als Stapel auf dem Schreibtisch, in oder auf Schränken. Im Büro stellt Papier eben nach wie vor den größten Teil des Büroabfalls.

Schäbiges und »Halblebiges« muss gehen!

Geräte, die defekt sind, sollten entweder repariert oder weggeworfen werden. Denn nichts lässt negativere Schlüsse auf ein Unternehmen zu als Dinge, die nicht funktionieren. Sie haben Ihre Funktion erfüllt, ihre Zeit ist abgelaufen, und so dürfen sie jetzt entsprechend entsorgt werden. Falls es sich dabei um elektronischen Müll handelt, so gibt es auch hier spezielle Firmen, die ihn entsorgen.

Kaum etwas ist so langlebig wie Dinge, die eine kleine Macke haben. Das Geschirr mit dem Sprung geht nie vollends kaputt. Vielleicht benutzen Sie es noch in der Hoffnung, dass es dabei endgültig in die Brüche geht. Aber sie kämen wohl nie auf die Idee, es Ihren Gästen zu präsentieren! In manchen Restaurants jedoch kommt Geschirr mit kleinen Macken oder verschossenem Dekor tatsächlich noch auf den Tisch. Nichts wirft ein schlechteres Licht auf ein Unternehmen als Schäbigkeit. Sie drückt Missachtung gegenüber den Kunden und Gästen aus. Dazu gehören durchgesessene Polstermöbel, abgeschabte Sessellehnen, aber auch Leuchten mit fehlenden Birnen. Solche Schäbigkeit vermittelt dem Kunden die Botschaft: »Ich will zwar dein Geld, aber du bist mir nichts wert.«

Die Wahrnehmung dafür, was schäbig ist, ist recht unterschiedlich ausgeprägt. Auch durch die eigene »Betriebsblindheit« geht leicht das Gefühl dafür verloren, was nach außen hin einen heruntergekommenen Eindruck machen könnte. Dinge und Möbel veralten nun mal. So ist es ziemlich normal, dass die Matratzen von Hotelbetten irgendwann durchgelegen sind. Das Gespür dafür muss in den Unternehmen stimmen. Die einzelnen Dinge sollten in regelmäßigen Abständen stets kontrolliert werden. Das Personal muss mit entsprechend geschultem Blick ausgestattet sein, der alles Schäbige entlarvt und für seine Entfernung sorgt. Denn wenn diesbezüglich ein negatives Feedback vom Kunden kommt, ist es eigentlich schon zu spät.

Dasselbe gilt für alles »Halblebige«: Die nicht mehr funktionierende Flurleuchte oder auch die Gebrauchsgegenstände, deren Funktion leicht eingeschränkt ist, werden oft kaum noch beachtet. Manchmal gewöhnt man sich auch an ihre Unvollkommenheit und betrachtet diese Beeinträchtigungen als vollkommen normal. Diese Dinge sind eigentlich zu schade zum Wegwerfen, da sie ja theoretisch noch funktionieren könnten. Doch sie werden, selbst in repariertem Zustand, nicht schöner und somit nicht nützlicher für Ihr Unternehmen – also weg damit!

Andere Dinge haben sich optisch einfach überlebt, sie sind veraltet und sozusagen »visuell verbraucht«. Man kann sie schlicht und einfach nicht mehr sehen! Diese alten Möbel funktionieren vielleicht noch einwandfrei. Aber sie stimmen in ihrem Äußeren nicht mehr mit dem Innern Ihres Unternehmens überein. Steht dieses für moderne

Technologien und präsentiert sich im Foyer mit Möbeln aus der Erbmasse Ihrer Verwandtschaft, so tritt hier ein Bruch zu Tage. Veraltetes wirft immer auch einen Schatten von Inkompetenz und Stillstand auf ein Unternehmen. Es gehört somit in die Kiste Nummer eins oder, falls noch zu gebrauchen, in eine der Kisten aus Kategorie zwei.

Alles, was keinen eigenen Platz hat

Die Dinge, die Sie ständig in der Hand haben, um sie von einem Platz zum anderen zu räumen, weil sie scheinbar nirgendwo hinpassen, stellen ein Problem dar. Sie sind sozusagen »immer unterwegs« und »obdachlos«, aber nirgendwo richtig zu Hause. Nach meinen Erfahrungen sind das jedoch genau diejenigen Dinge, die Sie nicht brauchen! Beobachten Sie sich selbst: Wie stehen Sie zu diesem Teil, das sie ständig hin und her räumen? Hängt Ihr Herz wirklich daran oder ist es wieder mal eines dieser »ungeliebten« Dinge? Im letzteren Fall trennen Sie sich von ihm. Ein gut gemeintes Geschenk, das Sie zur Einweihung Ihrer Firma bekommen haben, passt ja vielleicht gar nicht in Ihr Büro.

Kiste Nummer 2: Noch Brauchbares

Bei den Inhalten dieser Kisten handelt es sich durchweg um noch brauchbare Dinge, die Sie vielleicht nicht mehr brauchen, die keinen Bezug zu Ihrer momentanen Arbeit haben oder die besser an einem anderen Ort untergebracht wären. In Ihrer unmittelbaren Umgebung, an Ihrem Arbeitsplatz, stellen sie eine Belastung für Sie dar. Schauen Sie sich einmal um und nehmen Sie jedes einzelne Ding in die Hand. Wie lange haben Sie den Brieföffner nicht verwendet? Oder wann hat einer Ihrer Gäste zuletzt dieses Münztelefon auf dem Flur benutzt? Sie können sich nicht mehr daran erinnern? Dann wurde beides sicherlich lange nicht gebraucht und wird in Zukunft ebenso wenig gebraucht werden. Das Ding wird jedoch weiter gewartet und abgestaubt – und auch das nur, damit es im Notfall noch da ist? Prüfen Sie, ob man darauf nicht gleich verzichten könnte.

Wenn diese Dinge durch ihre Wartung mehr Energie binden, als sie Nutzen bringen, sollten Sie überdenken, ob Sie sich nicht genauso gut von ihnen trennen könnten. Computer, die von neuen abgelöst wurden und jetzt im Keller darauf warten, dass ein anderer sie noch einmal brauchen könnte, gehören zum Gerümpel. Wenn Sie sich neue Geräte anschaffen, sollten die alten sofort Ihre Räume verlassen. Landen sie erst einmal als »Zwischenlösung« in Lagern oder Keller, so nehmen sie dort nur unnötig Platz weg. Diese Dinge sind entweder wirklicher Müll und gehören folglich in die Kiste Nummer eins, oder sie können noch weiterverschenkt und von anderen benutzt werden.

Kiste »Spenden und verschenken«

Noch völlig brauchbare Gegenstände, die jedoch so veraltet sind, dass sie wahrscheinlich keinen Käufer mehr finden, sind ebenso wie technisch überholte, aber noch voll funktionierende Geräte ein Fall für die »Spenden-Kiste«. Man muss nur noch die passenden Abnehmer finden. Diese könnten beispielsweise örtliche Wirtschaftshilfen (die Telefonnummern kann man über die Auskunft erfragen) sein. Oder Sie schalten eine Anzeige. Die Inserate in wöchentlich erscheinenden Zeitungen wie »Sperrmüll« oder »Zweite Hand« sind für diejenigen, die etwas zu verschenken haben, kostenlos.

Fragen Sie sich beim Durchsehen: Wer meiner Bekannten könnte das noch gebrauchen? Manchmal fällt einem sofort ein Name ein, bei Kleidungsstücken und bei Büchern etwa. Stellt man sich diese Frage jedoch nicht, so fällt einem natürlich auch niemand ein. Selbstverständlich sollte das, was man verschenkt, noch einwandfrei in Ordnung sein. Sie bekommen ja auch nicht gern etwas Defektes oder Schäbiges. Und oft sind die Dinge ja noch so gut wie neu. Gerade Gebrauchsgegenstände, die man sich gekauft hat, weil man sich davon eine Zeitersparnis erhoffte, benutzt man vielleicht überhaupt nicht.

Kiste »Zu verkaufen«

Wenn die Dinge allerdings noch so gut wie neu und auf dem heutigen Stand der Technik sind, können Sie vielleicht noch einen Käufer finden. Noch voll gebrauchsfähige Computer und Geräte, die nur Ihrem Standard nicht mehr entsprechen, sind eigentlich viel zu schade zum Wegwerfen! Machen Sie sich schlau beziehungsweise beauftragen Sie jemanden mit der Vermittlung an einen Käufer. Erkundigen Sie sich bereits beim Neukauf, ob der Gegenstand in Zahlung genommen oder zumindest kostenfrei abgenommen wird. Auch bei dieser Kiste gilt: Was nach einem halben Jahr immer noch herumsteht, wird automatisch zu Müll.

Kiste »Fragezeichen«

Alles, was nicht unter eine der oben genannten Kategorien fällt, gehört neben den Dingen, deren Entsorgung Sie vielleicht nicht selbst entscheiden können, in eine Kiste mit Fragezeichen. Selbstredend, dass Angestellte nicht einfach über den Verbleib betrieblichen Eigentums entscheiden können. Aber wenn diejenigen Dinge, die Sie persönlich loswerden wollen, erst einmal den Weg aus Ihrer direkten Umgebung in diese Kiste gefunden haben, sind sie schon auf dem halben Weg nach draußen. Also klären Sie vorab den Verbleib dieser Dinge und leiten Sie sie weiter an die zuständigen Personen und Orte. Wenn Sie sich die Dinge mit dem Fragezeichen nochmals vornehmen, landet bestimmt einiges davon in Kiste Nummer eins!

Kiste »Archiv«

Es ist vollkommen klar, dass man aus steuertechnischen Gründen bestimmte Unterlagen wie Quittungen etc. länger als ein Jahr aufbewahren muss. Aber müssen sie zehn Jahre lang in Ihrem Büro kostbaren Platz wegnehmen? Haben Sie nicht ein Archiv im Keller oder eine Abstellkammer, wo diese Ordner genauso gut aufgehoben wären? Das setzt natürlich voraus, dass der Keller ebenso entrümpelt wird wie jeder andere Raum auch. Unterlagen, die hinter die vorgeschriebene Aufbewahrungsfrist zurückreichen, sollten Sie sich im Rahmen dieser Aktion auch einmal vornehmen. Denn alles, was nur unnötig Platz wegnimmt, kostet Geld! Falls es sich um Ihre alten Dokumente oder Projekte handelt, so beauftragen Sie hiermit ein spezialisiertes Unternehmen mit der fachgerechten Entsorgung.

Das Archiv, ob Keller oder Abstellraum, sollte jedoch nicht dazu missbraucht werden, alle Papiere, von denen man sich nicht trennen kann, aufzunehmen. Haben Sie dort Ordner mit alten Prospekten oder Unterlagen aus Ihrer Studienzeit stehen, die Sie länger als ein Jahr nicht angesehen haben, so gehören diese auf den Müll! Wie sollte neues Wissen Ihr Unternehmen erreichen, wenn Sie Angst haben, das alte loszulassen? Packen Sie die Unterlagen, die archiviert werden, in extra dafür vorgesehene Kisten und beschriften Sie diese mit dem »Verfallsdatum«. Einen Tag nach diesem Datum ist dies alles Müll, den Sie entsorgen dürfen.

Kiste »Reparatur«

Der Locher, der klemmt, ist wie die Schreibtischleuchte, deren Trafo seltsame Geräusche von sich gibt, ein Fall für die Reparaturkiste. In dieser Kiste könnten alle »Reparaturfälle« des Unternehmens gesammelt und sofort weggebracht werden. Stellen Sie sicher, dass dies auch wirklich geschieht. Lässt sich ein Teil nicht reparieren oder lohnt sich die Reparatur einfach nicht mehr, so wandert das Teil automatisch in die Kiste Nummer eins. Setzen Sie sich auch hier ein zeitliches Limit: Wenn die Dinge nicht innerhalb eines Monats zur Reparatur gebracht wurden, so steigt diese Kiste in der Hierarchie auf und ist somit Müll.

Um zukünftig diese Kiste überhaupt einsparen zu können, sollten defekte Gegenstände sofort zur Reparatur gebracht werden. Achten Sie beim Neukauf auch auf einen angeschlossenen Kundendienst. Denn was nützt das schönste Gerät, wenn dazu der Service fehlt! Das wäre ein Grund, vom Kauf Abstand zu nehmen. Auch hier zahlt sich also langfristig Qualität aus.

Kiste »Gehört mir nicht«

Im geschäftlichen Bereich gilt genauso wie im privaten: Umgeben Sie sich nur mit den Dingen, die Ihnen gut tun und die Ihnen gehören. Bei einer Geschäftsübernahme sollte mit den Gegenständen und Möbeln, die übernommen wurden, besonders sorgfältig umgegangen werden. Wenn Sie nur den Hauch eines Zweifels haben, ob das Inventar Ihrem Geschäft gut tut, so lassen Sie lieber die Finger davon. Es ist verwunderlich, wie viele Menschen sich mit Dingen umgeben, die ihnen weder gefallen noch gehören. »Diese Pflanze mag ich zwar nicht, aber ich habe sie von meinem Vorgänger übernommen Er hat sie einfach dagelassen.« Manch einer entsorgt seinen Schrott eben besonders bequem, indem er ihn einfach zurücklässt und somit anderen überlässt!

Falls Sie an einen solchen Arbeitsplatz geraten, packen Sie das, was Ihnen nicht gehört, in eine Kiste und lassen Sie sie abholen. Stellen Sie dem Besitzer eine angemessene Frist von etwa zwei Wochen. Eine Verlängerung nachzuschieben ist mehr als großzügig von Ihnen. Aber kündigen Sie ihm gleich an, dass Sie nach dem Verstreichen der Frist diese Kiste als Müll betrachten. Sollten diese Dinge, wie beispielsweise Mobiliar oder Geräte, die Sie nicht gebrauchen können oder wollen, nicht einem Vorgänger, sondern dem Betrieb gehören, so wenden Sie sich hier an den Zuständigen vom Materiallager oder an Ihren Chef. »Das brauche ich nicht« muss als Argument genügen, um Ungeliebtes und wirklich nicht Gebrauchtes aus Ihrem Büro zu schaffen.

Die »Transit«-Kiste

Ein Arbeitsplatz ist ein Ort, an dem Professionalität gefragt ist. Ein Unternehmen sollte diese Philosophie ausstrahlen, und somit hat alles, was die Professionalität in Frage stellt, dort Hausverbot! Das ist beispielsweise die Teddybär-Sammlung im Zimmer der Chefin. Das Ambiente erinnert eher an ein Kinderzimmer und nicht an ein Chefzimmer. Dass die Atmosphäre dieses Raumes die Angestellten zum Träumen bringt und die Chefin eher zur »Mutter« macht, ist eigentlich logisch. Jedenfalls steigert das nicht gerade ihre Autorität. Die Tendenz der »Verplüschung« von Arbeitsplätzen mit Zitaten aus dem häuslichen Bereich, wie Trockenblumensträußen oder Deckchen auf dem Tisch, wirkt peinlich und unprofessionell.

Fragen Sie sich im Zweifelsfall bei diesen Dingen, die mehr Dekoration als betrieblich notwendig sind: »Unterstreichen solche Interieurs Kompetenz oder lassen sie das Unternehmen eher kindisch aussehen?« Falls Sie sich unsicher sind, entscheiden Sie sich im Zweifelsfall eher dagegen. Was unprofessionell ist, hängt im Einzelfall immer vom Unternehmen ab. Ein Zoofachgeschäft kann durchaus Katzenposter an der Wand vertragen. Im Vorzimmer eines Architekturbüros wirkt so etwas dagegen eher albern.

Die Transit-Kiste füllt sich mit diversen Dingen, die nicht unmittelbar zu Ihrer beruflichen Umgebung gehören. Dort stören sie, weil sie vielleicht nicht hinpassen, nicht dazugehören. In dieser Kiste werden sie zunächst einmal auf den Weg gebracht. Wohin auch immer, aber raus aus Ihrer Arbeitsumgebung! In diese Kiste kommt also auch all das, was eher in Ihren privaten als in den betrieblichen Bereich gehört. Wenn Sie beim Einpacken allerdings das Gefühl haben, dass es auch in Ihrem privaten Bereich eher zum »Gerümpel« tendiert, dann packen Sie es doch gleich in die Kiste mit den Sachen zum Verschenken oder zum Müll.

Die Schatzkiste: Zwischen Sperrmüll und Schätzen
Der Schreibtisch oder das Porträt des Firmengründers können für ein traditionsverbundenes Unternehmen durchaus einen großen Wert darstellen. Sie können aber auch für den heutigen Chef in seiner Umgebung ein Hindernis darstellen. Wenn sein Herz nicht an diesen Dingen hängt, sollten sie sich auch nicht in seiner unmittelbaren Umgebung befinden. Die Aktentasche des Großvaters, das Werkzeug aus der Gründerzeit ist ein Fall für die »Schatztruhe«. Im beruflichen Alltag ist diese für den Einzelnen lange nicht so wichtig wie in seiner privaten Umgebung. In die Schatzkiste des Unternehmens gehören die Dinge, die für die Unternehmensgeschichte in irgendeiner Weise wichtig sind oder sein könnten. Dazu zählen ebenso die Zeitungsartikel über den Umbau wie Fotos der Belegschaft. All das, was bei einem hundertjährigen Jubiläum für das Unternehmen von Interesse sein könnte, hat hier seinen Platz. Die Schatzkiste selbst kann durchaus auch im Archiv neben den alten Unterlagen verwahrt werden. Wichtig ist nur, dass die für eine Chronik vielleicht relevanten Dinge bereits im Vorfeld erkannt, entsprechend geschätzt und dann in der Schatzkiste verstaut werden müssen.

Kiste Nummer drei: Der richtige Platz

Die wichtigen Dinge – also diejenigen, die Ihre Entrümpelungsaktion überlebt haben – brauchen ihrer Funktion entsprechend einen richtigen Platz. Tagtäglich gebraucht, müssen sie sich in Ihrer unmittelbaren Reichweite befinden, die Stifte auf dem Schreibtisch, die Schere in der ersten Schublade von oben, der Locher neben der Ablage. Alles, was jetzt immer noch ohne definierten Platz, quasi »obdachlos« durch Ihr Büro wandert, wird wahrscheinlich doch nicht gebraucht.

Auch private Dinge und Erinnerungsstücke, wie beispielsweise der Kieselstein aus dem letzten Urlaub oder persönliche Gegenstände wie Fotos der Familie, Preise und Pokale brauchen am Arbeitsplatz ihren angemessenen Ort. Reservieren Sie ihnen ein Regalbrett oder eine Ecke Ihres Schreibtisches. Was für persönliche Dinge gilt, gilt ebenso für die alltäglichen Dinge: Das, was wir wirklich schätzen, liegt nicht wahllos herum! Also wählen Sie Ihre Gebrauchsgegenstände, etwa Werkzeuge, so aus, dass Sie gern mit ihnen arbeiten und zu ihnen eine positive emotionale Beziehung aufbauen können. Diese Beziehung ist, neben guter Qualität, die wichtigste Voraussetzung für die Langlebigkeit eines Produkts. Dinge, zu denen wir keine »Beziehung« aufbauen können, landen früher oder später nämlich auf dem Müll!

Das, was uns wichtig ist, unser tägliches »Handwerkszeug«, hat also seinen Platz und wird von uns gepflegt. Ich weiß immer, wo ich meine Stifte finde, ebenso die Ordner in den Regalen und die Prospekte in den Stehsammlern. Schwierig wird es mit Büchern, von denen ich eine Menge habe und die im Regal nur in loser Ordnung stehen. Ein Problem der besonderen Art stellen meine drei schnurlosen Telefone dar. Beim Telefonieren trage ich sie herum und lasse sie dann irgendwo liegen. Eigentlich haben sie einen festen Platz, aber ich räume sie eben nicht sofort nach Gebrauch wieder dorthin. Und dann beginnt der Stress!

Wichtig ist, dass jedes Ding einen und nicht zwei Plätze hat, ansonsten sucht man es garantiert. Wir würden lange nicht so viel Zeit mit Suchen verbringen, wenn wir uns mit voller Aufmerksamkeit unserer momentanen Tätigkeit widmen würden.

Nichts wie weg damit!

Wichtig ist nicht, wo Sie beginnen, sondern dass Sie es tun! Beginnen Sie am besten mit Ihrem Schreibtisch. Danach gehen Sie Ihren Raum von der Tür aus im Uhrzeigersinn ab und arbeiten sich von den Wänden ausgehend langsam ins Innere des Raumes vor.

Vergessen Sie dabei das Innere der Schränke nicht. Gehen Sie langsam vor und sehen Sie sich jedes Ding genau an. Fällt es in eine der oben genannten Kategorien? Fragen Sie sich bei jedem Teil: Brauche ich dich wirklich? Erleichterst du mir die Arbeit? Bist du noch auf dem aktuellen Stand der Technik? Bereicherst du mein Arbeitsleben? Muss ich dich aufbewahren? Machst du mich glücklich? Und weisen Sie ihm dann seine Kiste oder seinen Ort zu.

In welcher Beziehung stehen Sie zu den Dingen? Sind sie geschäftsfördernd oder eher -schädigend? Im letzteren Fall nichts wie weg damit! Sollten Sie sich noch nicht so ganz im Klaren darüber sein, so stellen Sie sich die Frage einige Tage später noch einmal. Aber zögern Sie nicht zu lange und seien Sie sich darüber im Klaren, dass alles, womit Sie sich umgeben, Sie ganz persönlich und auch Ihr Unternehmen stärken oder schwächen kann.

Nach der ersten Aktion muss das Entrümpeln zum täglichen Alltag gehören: Handeln Sie am besten sofort, sobald Ihnen irgendwo etwas Störendes auffällt. Denn wenn man die Kisten erst ein paar Tage herumstehen gesehen hat, gewöhnt man sich schnell an ihren Anblick. Kaum etwas ist langlebiger als Provisorien! Weil kein Tisch da ist, steht der Drucker auf einem Karton und bleibt dort auch jahrelang. Die halb vertrocknete Zimmerpflanze wird im Stress des Bürolebens kaum mehr wahrgenommen. Daher sollten Sie, sobald Ihnen etwas Auffälliges begegnet, sofort »zuschlagen« und die Sache selbst in die Hand nehmen oder jemanden mit der Beseitigung beauftragen.

Eine Entrümpelungsaktion sollte auch so geplant werden, dass der Container entweder gleich abgeholt wird oder die Kartons und Tüten sofort entsorgt werden. Denn wenn der Müll noch tagelang herumsteht, dann fängt der eine oder andere an, manche Dinge wieder herauszunehmen. Und plötzlich feiert man ein fröhliches Wiedersehen mit seinem Gerümpel, nur in anderen Räumen!

Ebenso sicher ist: Von allein findet Gerümpel nie hinaus! Es scheint zwar oft von allein anzukommen, aber beim Verlassen des Hauses muss man ihm ganz kräftig Beine machen. Und wer weiß: Beim Entrümpeln kann man vielleicht auch Schätze finden!

Jeder ist für seinen Müll selbst verantwortlich

Egal, ob Sie angestellt arbeiten oder selbstständig sind: Wenn Sie das Gefühl haben, dass Sie im Gerümpel ersticken oder den Überblick zu verlieren beginnen, dann sind Sie reif für eine Entrümpelungsaktion! Als Vorgesetzter oder Vorgesetzte haben Sie das Recht, über den Verbleib der Dinge zu entscheiden. Falls Ihre Angestellten sich nicht von dem trennen können, was Sie als Gerümpel definieren, dann ordnen Sie es eben an.

Es ist schwierig, gegen die Absichten eines Vorgesetzten das Gerümpel wegzuwerfen. Wenn dieser ein Horter ist, dann muss er zunächst überzeugt werden, dass er seine Leidenschaft nur privat ausleben sollte. Denn auf der betrieblichen Ebene schadet das dem Geschäft! Das Chaos anzugehen und zu entrümpeln muss zur Chefsache werden, denn wenn der Boss diesen Weg nicht unterstützt, dürften sich Mitarbeiter, die entrümpeln wollen, schwer tun. Hier muss zunächst auf der Führungsebene ein Bewusstsein geschaffen werden. Und das sollte man vorsichtig angehen! Zwingt man eingefleischte Horter zum Wegwerfen, so gewinnt man nichts – außer Platz für neuen Krimskrams.

Meine Erfahrungen zeigen, dass Sammler und Horter lange Zeit brauchen, um dieses Thema anzugehen. Haben sie aber einmal mit dem Wegwerfen angefangen, so sind sie nicht mehr zu bremsen! Dann schlägt das Pendel plötzlich in die andere Richtung aus, und aus Hortern werden überzeugte Wegwerfer.

Also üben Sie sich Ihren Mitmenschen gegenüber, die noch nicht so ganz zu überzeugen sind, in Geduld. Mehr als Anstöße geben sollten Sie nicht. Manche meinen es gut und wollen ihren Mitmenschen einen Gefallen tun, indem sie ihnen das Entrümpeln abnehmen. Aber zum einen ist es immerhin noch deren Eigentum, an dem zu vergreifen kein Außenstehender das Recht hat. Und zum anderen wird der Erfolg nicht lange anhalten: Denn sonst wird nur Platz für neues Gerümpel geschaffen.

- Wenn nichts Altes geht, kann nichts Neues nachkommen.
- Werfen Sie jeden Tag etwas weg.
- Das Space-Clearing kann zunächst mit einer Entrümpelungsaktion beginnen, aber es geht darüber hinaus. Es ist kein einmaliges Ereignis, sondern ein ständig währender Prozess.
- Das so genannte »kreative Chaos« schadet Ihrer Kreativität.
- Gerümpel braucht Stauraum, dieser kostet Miete und Schränke. Unordnung bindet Zeit und somit Personal und Geld: Geld, das ein Unternehmen besser anderweitig investieren könnte.
- Die Qualität einer Ware oder auch einer Dienstleistung wird vom Kunden auch damit in Zusammenhang gebracht, in welcher Umgebung und wie sie verkauft wird.
- Jeder ist für seinen Müll selbst verantwortlich.

Fragen Sie sich bei jedem Gegenstand:
- Brauche ich dich wirklich?
- Erleichterst du mir die Arbeit?
- Bist du noch auf dem aktuellen Stand der Technik?
- Bereicherst du mein Arbeitsleben?
- Muss ich dich aufbewahren?
- Machst du mich glücklich?

Und denken Sie daran:
Von allein findet das Gerümpel nie hinaus!

5. Entrümpeln gehört zu jedem Neuanfang

Wann haben Sie zuletzt Ihren Arbeitplatz, Ihren Schreibtisch oder Ihre Schränke entrümpelt?

Jedem Neuanfang in privater, aber erst recht in geschäftlicher Umgebung sollte ein Space-Clearing vorausgehen. Als Neuanfang kann man auch einen Wechsel in der Unternehmensführung ansehen. Über die reine Beseitigung von Gerümpel hinaus ist gerade in Familienunternehmen noch mehr zu leisten. Ein Generationswechsel verlangt zumindest ein »Loslassen«: Der Seniorchef muss sein altes Feld »räumen« und dem neuen Chef Platz machen. Das Loslassen ist auch hier ein meist schmerzhafter Prozess.

Der Juniorchef wiederum muss jetzt die volle Verantwortung für das Unternehmen tragen und sollte durch dessen Gestaltung darin unterstützt werden. Darum muss sich in diesem Falle alles darauf konzentrieren, den neuen Chef in seiner Position zu stärken. Wenn ihn irgendetwas in seiner unmittelbaren Arbeitsumgebung stört, so ist dies zu entfernen. Was für den Senior vielleicht noch vollkommen in Ordnung war, kann für den Junior Ballast sein.

Ich empfehle in diesem Falle auch eine neue Büroeinrichtung. Eventuelle Erinnerungsstücke an die Firmengeschichte haben natürlich das Recht auf einen eigenen Platz und sollten auch aufbewahrt werden. In erster Linie jedoch muss all das, was den neuen Chef unangenehm berühren könnte, entfernt werden. Denn zunächst geht es darum, ihn in seiner neuen Position zu bestätigen.

Bei Betriebsübernahme Abschied vom Alten nehmen

Da sich auch die Vorgeschichte eines Unternehmens auf die weitere Entwicklung auswirken kann, sollte man bei der Übernahme einer Firma sowohl auf die wirtschaftliche Situation als auch auf sein eigenes Gefühl achten. Bei Anmietung oder Kauf von Geschäftsräumen ist immer interessant zu wissen, welche Vormieter in den Räumlichkeiten was und mit welchem Erfolg gemacht haben. Denn alles ist Energie und bleibt sozusagen als »energetischer Fingerabdruck« gespeichert. Darum empfiehlt es sich, bei der Übernahme von Räumen, in denen ein Unternehmen scheiterte, besondere Vorsicht walten zu lassen. Gerade in diesem Falle ist auf die eigene Intuition besonders zu achten.

Im Falle der vorangegangenen Pleite eines Unternehmens sollte der Nachmieter einer anderen Branche angehören. Wenn beispielsweise ein Möbelgeschäft Konkurs angemeldet hatte, sollte der Nachfolger in diesen Räumen nicht mit Möbeln handeln. Wenn ein anderes Geschäft erfolgreich weiterläuft, kann nach ein paar Jahren auch wieder ein Möbelgeschäft folgen. Zuvor allerdings sollte der »Kreislauf« der Pleiten durch eine andere Nutzung unterbrochen werden.

Geraten Sie allerdings an Räume, in denen sich Misserfolge gehäuft haben, so rate ich dringend von einer Anmietung ab. Manche Personen fühlen sich durch solche Vorgeschichten geradezu herausgefordert, hier den Gegenbeweis anzutreten. Gerade bei jungen Unternehmensgründern ist das nach meinen Erfahrungen jedoch ein riskantes Unterfangen. Auch hier gilt: Übernehmen Sie nur die Räume, Möbel und Dinge, bei denen Sie ein wirklich gutes Gefühl haben. Sollten Sie irgendwo im Zweifel sein, so nehmen Sie eher davon Abstand. Eine Renovierung sollte nicht zu knapp gehalten sein: Je mehr Altes – gern auch der verschossene Teppichboden oder die verschlissene Tapete – die Räumlichkeiten verlässt, desto besser sind die Voraussetzungen für einen Neustart.

Bei Umzug neu beginnen

Auch bei einem Umzug innerhalb einer Firma gilt, dass möglichst alles Alte entfernt werden sollte. Übernehmen Sie einen vollkommen ausgestatteten Arbeitsplatz, wie das in Büros meistens der Fall ist, so legen Sie einen Büro-Putztag ein. Alles sollte so gut wie möglich gereinigt werden: die Schubladen und die Schränke sogar von innen. Alles, was sich im persönlichen Besitz eines Mitarbeiters befindet, sollte dieser bei Verlassen der Firma mitnehmen. Falls er es dalässt und Ihnen die Dinge nicht gefallen, so werfen Sie sie weg! Das gilt vor allem auch für »vererbte« Pflanzen, die im Raum bleiben. Alles, was nicht einwandfrei ist, alles, was Sie stört, muss raus.

Existenzgründung ohne Altlasten

Gerade wenn man im Begriff ist, eine neue Firma zu gründen, sollte man sich keine alten Blockaden aufbürden. Es spricht nichts dagegen, beispielsweise gebrauchte Büromöbel zu kaufen, wenn sich diese gut anfühlen. Wenn Sie beim Kauf aber auch nur die leisesten Zweifel haben, so lassen Sie lieber die Finger davon! Und denken Sie daran: Provisorien leben am längsten.

Wenn Ihr neuer Schreibtisch nur vorübergehend aus einer Spanplatte bestehen soll und dieses »Vorübergehend« jetzt schon ein Jahr anhält, dann werfen Sie die alte Platte endlich weg – nicht ohne zuvor einen »richtigen« Schreibtisch gekauft zu haben. All das, womit Sie sich umgeben, muss Sie stärken. Bauen Sie Ihre neue Existenz nicht auf altem Gerümpel auf! Allerdings: Ein durchgestyltes Büro mit teuren Möbeln wird Sie nur dann stärken, wenn Sie sich diese auch leisten können. In dem Moment, in dem die Zahlen auf den Preisschildern Ihnen Angst einjagen, schwächt Sie diese Anschaffung nämlich eher, anstatt Ihnen neue Kraft zu vermitteln.

- Vor jedem Neuanfang steht das Entrümpeln.
- Definieren Sie selbst Ihren Neuanfang: neues Jahr, neue Möbel, neue Kollegen, neuer Auftrag… Verbinden Sie damit eine Entrümpelungsaktion.
- Kaufen Sie keine Büromöbel aus Versteigerungen und Konkursmassen.
- Geben Sie den alten Dingen bei Generationswechsel einen angemessenen Platz, der ruhig auch außerhalb Ihres Büros liegen kann.
- Vermeiden Sie alles, was Sie bei Ihrer Firmengründung »blockieren« könnte.

6. Noch mehr Gerümpel

Mit welchen Altlasten haben Sie zu kämpfen? Was blockiert oder stört Sie schon lange? Was ist Ihnen einfach zu viel?

Während man unter dem Begriff »Gerümpel« nur die Dinge subsumiert, die materiell vorhanden sind, so geht es im Folgenden um eine andere Form des Gerümpels, das in der Praxis aber ebenso blockierend wirken kann. Alles, was ein Unternehmen belastet, ist Ballast. Und zu diesem Ballast zählt:

- Alles, was Sie ganz persönlich stört
- Altlasten
- alles Aggressive
- Dinge, die im Weg herumstehen
- die schlechte Lage des Betriebes
- unpassende Nachbarn
- ein nicht adäquates Äußeres
- was nicht zusammengehört

Alles, was Sie ganz persönlich stört

Belastend sind am Arbeitsplatz diejenigen Dinge, die Sie ganz persönlich stören. Im Falle eines Gemeinschaftsbüros in einer Bücherei etwa waren es die Usambaraveilchen einer Kollegin auf den Fenstersimsen. Wenn Sie ein Büro für sich allein haben, können Sie die Dinge, die Ihnen ganz persönlich nicht gefallen, entsorgen. Sie sollten sich nicht mit Bildern oder Objekten umgeben, die ärgern, nerven, stören oder irgendwie negativ berühren.

Teilen zwei oder mehrere Personen einen Raum, so sollten jene Störfaktoren entfernt werden, die von dem oder den Kollegen als solche empfunden werden. Ein Arbeitsplatz ist kein Ort, an dem sich die Mitarbeiter ohne Rücksicht auf andere kreativ ausleben können.

Dazu hat man zu Hause Gelegenheit. Ein gewisser privater Freiraum fördert zweifelsohne die Identifikation mit dem Unternehmen. Jedoch sollte die individuelle Gestaltung nicht zu Lasten der anderen Mitarbeiter gehen, die sich beispielsweise an den vertrockneten Pflanzen stören und dadurch unwohl fühlen. Ähnlich ist die Diskussion, ob rauchende Kollegen im gemeinsamen Büro von Nichtrauchern toleriert werden müssen, längst zu Gunsten der Nichtraucher entschieden.

Gesundheitlich weniger schädlich, jedoch für manche ebenso störend wie Tabakrauch sind bestimmte ungeliebte Objekte, etwa das Poster der Kollegin oder unschöne Möbel. Ein optimales Betriebsklima setzt voraus, dass alles Störende gemieden wird. Das Chaos von Aktenbergen und Verpackungsmüll, das der Kollege im Rücken weiß, stört diesen nur bedingt. Aber auf denjenigen, der es tagtäglich vor Augen hat, wirkt es schwächend. Das Chaos wurde sicher nicht in dieser Absicht geschaffen; aber um es zu entsorgen, bedarf es zunächst der Kommunikation. Also reden Sie miteinander! Denn alles, was Sie ganz persönlich stört, hemmt Ihre Schaffenskraft und damit die Ihres Unternehmens.

Zu den störenden Dingen könnten auch lieb gemeinte Geschenke gehören, die Ihnen den Alltag an Ihrem Arbeitsplatz verschönern sollen. Aber auch hier gilt: Wenn Ihnen diese Geschenke nicht gefallen, wenn Sie sich sogar davon negativ berührt fühlen, dann haben Sie das Recht, sich von ihnen zu trennen. Dass man von Kunden oder Geschäftspartnern Geschenke bekommt, beginnt bereits bei der Einweihung der Räume: Große Pflanzschalen werden mitgebracht, die die Ladenräume schmücken sollen. In Glas gerahmte Poster oder Bilder sollen das Büro verschönern. Um den Schenkenden nicht zu enttäuschen oder gar zu beleidigen, stellt man diese Dinge, obwohl sie einem vielleicht gar nicht gefallen, irgendwo auf. Der edle Geber ist dieses Teil los, aber Sie haben es für immer am Hals.

Da hilft nur eines: Lenken Sie die Geschenke in bestimmte Bahnen. Schreiben Sie schon auf die Einladungskarte, dass von Geschenken abzusehen ist, dass aber vor Ort für den Tierschutzverein oder welchen guten Zweck auch immer gesammelt wird. Erfahrungsgemäß sind Besucher für solch eine Lösung überaus dankbar, erspart sie ihnen doch, sich lange Gedanken über ein Geschenk machen zu müssen.

Altlasten

Zu den Altlasten eines Raumes können neben seiner Vorgeschichte auch veraltete Dinge, Antiquitäten und Erbstücke zählen. Diese sollten nur dann in einem Unternehmen auftauchen, wenn sie in den geschäftlichen Zusammenhang passen. In Hotelzimmern mögen Antiquitäten durchaus das Ambiente aufwerten oder eine bestimmte Atmosphäre schaffen. Auch in modernen Büros können antike Einzelstücke die Wirkung des restlichen modernen Mobiliars steigern. Dazu müssen diese Einzelstücke gekonnt ausgesucht und auch platziert werden. In den meisten Fällen jedoch werden Erbstücke und Antiquitäten im Unternehmen »ausgestellt«, weil sie zu Hause keinen Platz mehr finden.

Möbel sollten nicht aus dem häuslichen Bereich in den geschäftlichen »absteigen« – frei nach dem Motto: »Fürs Büro reicht's noch.« Erbstücke sollten zur Arbeitsplatzmöblierung auch nur dann eingesetzt werden, wenn sie gestalterisch und vom Gefühl her passen. Nur aus Traditionsbewusstsein heraus aufgestellt, können diese Möbel eher blockierend wirken. Beim geringsten Zweifel entscheiden Sie sich lieber gegen ein altes Stück! Die Möblierung sollte genauso wie alle anderen Dinge die Ziele eines Unternehmens unterstützen und diese nicht stören.

Gebrauchte Möbel aus zweiter Hand sind, wenn sie nicht gerade aus der Konkursmasse eines Unternehmens stammen, durchaus verwendbar. Wenn Sie Einrichtungsgegenstände und Maschinen aus zweiter Hand kaufen, sollten Sie besonders auf Ihr Gefühl achten. Falls dieses in irgendeiner Weise Nein sagt, nehmen Sie lieber Abstand vom Kauf.

Alles Aggressive

Als Unternehmer sollte man sich davor in Acht nehmen, scheinbar Originelles im geschäftlichen Zusammenhang auszustellen. Was man selbst als »Gag« ansieht, hat in den wenigsten Fällen eine Verbindung zum Inhalt des Unternehmens. Die Kunden versuchen die Verbindung herzustellen, es gelingt ihnen nicht, und so entsteht ein Bruch in Form von Verunsicherung. Dies wiederum stiftet Verwirrung, die Sie Aufträge kosten kann.

Beutestücke oder Trophäen sind ursprünglich Dinge, die die Macht des Besitzers ausdrücken. Der Krieger in früher Zeit besiegte seinen Feind und nahm ihm die Waffe ab. Der Jäger erlegte einen Bär und schmückte sich mit dessen Zähnen. In den Chefbüros sind manchmal ähnliche »Beutestücke« aus dem persönlichen Umfeld zu sehen.

Gegen dieses Zurschaustellen ist nur dann etwas zu sagen, wenn es offensichtlich aggressiv wirkt. Darunter fallen Waffen, die nicht unbedingt das Wohlbefinden von Gästen oder Kunden fördern. Ein »Schocker« mag zwar originell sein, wie beispielsweise die in einer Schnapsflasche eingelegte Schlange auf dem Tresen einer Bar. Allerdings wirkt dieses konkrete Beispiel, zumindest was mich betrifft, absolut geschäftsschädigend: Noch heute vermeide ich es, dieses Lokal zu betreten.

Dinge, die im Weg herumstehen

Alles, was sich Ihren Kunden in den Weg stellt, steht Ihrem Unternehmen im Weg. Vielleicht behindern geparkte Wagen vor dem Eingang nicht gerade den Zutritt, aber sehr wohl das Geschäft. Wenn man von der Straße her Ihr Unternehmen vielleicht aufgrund der Autos nicht sieht oder auch übersieht, so ist das geschäftsschädigend. Schon die Auskunft eines Kunden, er habe Sie nicht finden können, muss bei Ihnen alle Alarmglocken läuten lassen! Es sollten keine Blockaden vorhanden sein, die Ihre Kunden schon im Vorfeld stören.

Manche Ladengeschäfte glauben den Verkauf dadurch anregen zu können, dass sie Schütten vor dem Eingang platzieren. In diesen Verkaufskörben werden Sonderangebote präsentiert. Je nach Branche können Schütten jedoch nach Ramsch aussehen. Ob und in welcher Weise Sonderangebote das Geschäft ankurbeln, sollte daher gut überlegt werden. Denn auch hier gilt: Armut zieht Armut an!

Das Gleiche setzt sich im Innenraum fort: Wenn unmittelbar hinter dem Eingang Ständer mit Sonderangeboten oder Schütten ein Vorankommen verhindern, dann liegt hier eine Blockade vor. Der Kunde wählt den leichtesten Weg und hält inne. In der Bekleidungsbranche löst das, zumindest bei Frauen, die eigentlich nichts Neues brauchen, den Gedanken aus: »Stopp, brauche ich wirklich etwas?« Bevor man sich durch Kartons oder enge Gänge zwängt, tritt man lieber den Rückzug an.

Die schlechte Lage des Betriebes

Nicht zu unterschätzen ist die Lage des Unternehmens in Bezug auf die verkehrstechnische Anbindung. Sondieren Sie im Vorfeld die Lage! Besonders wichtig ist die Frage, ob eine bestimmte Branche in eine bestimmte Umgebung passt. In einer Sackgasse rauscht nicht gerade der Verkehr vorbei. Hier ist es eher ruhig und geruhsam. Wenn man sich als neu gegründetes PR-Büro beispielsweise in ein Haus am Ende einer Sackgasse einquartiert, so kann man hier nicht gerade mit sprühenden Ideen und Anregungen rechnen. Ein Schriftsteller, der diese Ruhe braucht, wäre in diesen Räumlichkeiten besser aufgehoben.

Wenn man sich als Ein-Mann-Büro selbstständig machen möchte und sowieso mit Motivationsproblemen zu kämpfen hat, dann sollte man sich eine Bürogemeinschaft suchen. Die dort herrschenden geschäftigen Energien können ansteckend und inspirierend wirken. Je nach Branche kann die Lage an einer Hauptverkehrsstraße gute oder weniger gut gehende Geschäfte bedeuten. Wenn Sie von Laufkundschaft abhängen, dann sollten Sie eine Gegend mit viel »Durchgangsverkehr« wählen. Eine Boutique in einer ruhigen Seitenstraße hat nur dann Bestand, wenn sie bereits bekannt ist oder ihre Ware so exquisit, dass man gern einen Umweg in Kauf nimmt. Überlegen Sie selbst, ob Sie als Kunde gern in die Richtung Ihres Unternehmens gehen oder fahren würden. Was könnte Sie abhalten? Fahren Sie den Weg selbst jeden Tag gern oder sind Sie froh, wenn Sie angekommen sind und an Ihrem Schreibtisch sitzen?

Die Umgebung hat also einen nicht zu unterschätzenden Einfluss auf den Erfolg Ihres Unternehmens. Fühlen sich Ihre Kunden bei Ihnen »sicher« oder befinden Sie sich in einer heruntergekommenen und zwielichtigen Gegend? Wie sieht es mit Parkmöglichkeiten aus? Gerade dieser Aspekt ist nicht zu unterschätzen. Ich persönlich fahre lieber rasch mal zu meinem Drucker, wenn dieser einen Parkplatz auf dem Hof hat. Das geht sogar so weit, dass von dem zunehmenden Parkproblem die Geschäfte im Internet profitieren! Man muss Sie also auf jeden Fall leicht und gut erreichen können. Und wenn es nur im Internet ist: Gehen Sie sicher, dass Ihre Kunden den Weg zu Ihnen ohne Probleme finden.

Unpassende Nachbarn

Wenn der eigene Müll und das eigene Gerümpel schon hinderlich für das Unternehmen sind, dann ist es das Gerümpel der Nachbarn erst recht! Neben einem Schrottplatz zu arbeiten ist nur für eine Branche positiv, die in irgendeiner Weise ebenfalls damit zu tun hat, beispielsweise für einen Metallbildhauer oder einen Metall verarbeitenden Betrieb, für einen Gebrauchtwagenhändler dagegen schon weniger: Der Kunde hat hier nämlich den zukünftigen Zustand seines Wagens bereits vor Augen und sicher wenig Lust, für einen Haufen Schrott noch Geld auszugeben.

Sucht man die entsprechende Umgebung für ein Gesundheitszentrum, so wäre in diesem Fall alles, was an Krankheit, Verfall und Alter erinnert, weniger günstig. Ein Friedhof als Nachbar kurbelt bestimmt nicht gerade die Geschäfte an. Also sollte man sich bereits im

Vorfeld seine Nachbarn zu allen Seiten hin ganz genau ansehen. Nichts, was einen selbst beeinträchtigen könnte, sollte hier akzeptiert werden. Eventuell störende Elemente muss man genau unter die Lupe nehmen.

Im privaten Bereich ist von einem Nachbarn, der seinen Rasen mit der Nagelschere schneidet, dann Stress zu erwarten, wenn man selbst eher zu einem Biogarten tendiert und zu Unkraut ein unverkrampftes Verhältnis hat. Ebenso sollte man im Geschäftsbereich mögliche Konflikte, die durch Nachbarn entstehen könnten, so weit als möglich in Betracht ziehen, bevor man in einen Betrieb investiert; denn nach solchen Investitionen einfach umzuziehen, ist nicht gerade einfach. Benachbarte Branchen sollten einander ergänzen und nicht bekämpfen. Ein Seminarzentrum in einem Wohngebiet wird langfristig Ärger mit den Nachbarn heraufbeschwören. Ein Heilpraktiker in ländlicher Gegend wird mit ähnlichen Problemen rechnen müssen, falls seine Nachbarn eher konservativ eingestellt sind. Die destruktive Kraft des tagtäglichen Ärgers, der sich im Laufe der Zeit ja summiert, der andauernde Stress und das Gefühl, nicht akzeptiert zu werden, sollte nicht unterschätzt werden.

Ein nicht adäquates Äußeres

Ein Ihrem Unternehmen nicht angemessenes äußeres Erscheinungsbild wie die heruntergekommene Fassade oder ein vergammelter Eingangsbereich ist Ihrem Geschäftserfolg abträglich. Gebäude haben, ebenso wie Menschen, eine Ausstrahlung. Diese kann positiv und ansprechend, aber auch negativ und abstoßend sein. Wenn man sich von der Außenwirkung eines Hauses frei machen will und denkt, dass es nur auf das Innere des Hauses ankommt, wird man sich gehörig verrechnen. Ein nicht zu Ihrem Unternehmen passendes äußeres Erscheinungsbild wirkt sich nämlich auch negativ auf Ihre Leistungen aus! Alles, was einen schäbigen und gammligen Eindruck macht, wird auf Ihr Unternehmen zurückfallen. Wenn Sie bei Anmietung von Räumen den Eindruck haben, dass sich der Vermieter nicht um die Außenanlagen und ihre Instandsetzung kümmert, dann suchen Sie sich lieber ein anderes Mietobjekt.

Was nicht zusammengehört

Immer wieder teilen sich unterschiedliche Branchen dieselben Räumlichkeiten. Hierbei sollte man mit besonderem Fingerspitzengefühl vorgehen, da entstehende Differenzen das Ende eines Unternehmens bedeuten können. Ein freier Raum in der Praxis eines Heilpraktikers wäre für ein Pressebüro keineswegs sinnvoll. Hier könnte keiner vom anderen profitieren, denn die beiden Branchen haben nichts miteinander zu tun. Benachbarte Branchen sollten sich jedoch gegenseitig befruchten: Der Zusammenschluss mehrerer Ärzte in einem Ärztehaus kann daher durchaus bereichernd sein. Bürogemeinschaften sollten ebenfalls so zusammengestellt werden, dass synergetische Effekte erzielt werden können.

- Was Sie persönlich stört, muss weg.
- Kollegiale Rücksicht ist auch in der Gestaltung der Innenräume nötig.
- Vermeiden Sie Altlasten.
- Trennen Sie sich von ungeliebten Geschenken.
- Sollten Sie Antiquitäten im Büro einsetzen, so tun Sie es mit viel Sensibilität.
- Aggressives hat im Unternehmen nichts zu suchen.
- Die Umgebung und die Nachbarn sollten zum Unternehmen passen und ihm nicht schaden.

7. Blockaden energetischer Art

Was, außer den materiellen Dingen, stört Ihr Unternehmen am meisten? Welche Probleme würden Sie gern loswerden? Von welchen Ansichten wollten Sie sich schon immer trennen? Gibt es Personen, die Ihrem Unternehmen nicht gut tun?

Nicht unmittelbar als Gerümpel zu bezeichnen, aber mindestens genauso blockierend sind auch weniger »fassbare« Faktoren. Sie betreffen eher die Schwingungsebene. Man sollte ihnen deshalb jedoch nicht weniger Aufmerksamkeit schenken, denn sie sind, ebenso wie das konkrete Gerümpel, eher hinderlich. Hat man sie erst einmal erkannt, so kann man sie beseitigen und in der Zukunft zu (ver)meiden versuchen. Zu den energetischen Blockaden zählen unter anderem:

- Gedankliche Sabotage
- Klatsch und Tratsch
- geistiger Müll
- bestimmte Personen
- problematische Kunden
- belastende Denkmuster und Haltungen
- überflüssige Probleme
- blockierende Angst
- alles, was »zu viel« ist
- Geschehnisse und Vorgeschichten

Gedankliche Sabotage

In einem lebendigen System ist alles mit allem verbunden, auch Gedanken und Worte. Alles ist Schwingung, sodass negative Gedanken ebenso die Luft »vergiften« können wie beispielsweise Schadstoffe. Die eigenen Gedanken und die der anderen können das Umfeld sowohl begünstigen als auch schädigen. Gerade wenn man ein neues

Unternehmen gründet, tut einem die Unterstützung anderer gut, auch und vor allem auf mentaler Ebene.

Weniger segensreich sind energetische »Bremsen« in Form von Bedenken und Einwänden Außenstehender. Wenn die eigenen Pläne durch Partner und Mitarbeiter nicht gefördert werden, dann ist das kontraproduktiv für das ganze Unternehmen. Ein tägliches »Das schaffst du nie« wirkt nicht nur nervend, sondern absolut schwächend! Diesen negativen Einflüssen sollte man sich am besten gar nicht erst aussetzen.

Von Mitarbeitern und Partnern sollte man außerdem Loyalität erwarten können. Ansonsten hat man die falschen Personen um sich, oder diese arbeiten im falschen Unternehmen! Ein gutes und eingeschworenes Team kann Unvorstellbares leisten; vernichtend wirkt aber die eingefleischte »Das schaffen wir nie«-Haltung von Mitarbeitern – gekrönt von einem »Ich hab's doch gleich gewusst!«, wenn mal etwas schief geht.

Gedanken haben, ebenso wie Worte, eine ungeheure Kraft und ziehen Ereignisse nach sich. Die so genannten »Selffulfilling Prophecies«, also sich selbst erfüllende Voraussagen, sind uns allen bestens bekannt! Sie können bereits am Telefon wirken. Fragt man sich schon beim Klingeln, welcher Idiot jetzt schon wieder anrufe, dann wird sich sehr wahrscheinlich auch einer am anderen Ende der Leitung melden.

Oft schwingt schon in der Stimme mancher Zeitgenossen ein gewisses Misstrauen beziehungsweise eine Art »Abwehrhaltung« mit. Mag das im privaten Bereich noch korrigierbar sein oder ohne Folgen bleiben, so wirkt es im geschäftlichen Umfeld doch tödlich. Stimmungen und Haltungen sind am Telefon erkennbar, das sollte jedem von uns klar sein. Die Ausstrahlung des Unternehmens funktioniert, je nach Branche, zu einem guten Teil über den telefonischen Kontakt zu Kunden. Also sollte man sich angewöhnen, am Telefonhörer zu »lächeln«. Das kommt am anderen Ende der Leitung als positive und offene Einstellung an.

Klatsch und Tratsch

Kaum etwas schadet den Zielen eines Unternehmens mehr als Gerüchte, die wie die Aasgeier über dem Betrieb kreisen. Auch hier sind Energien gebündelt – und da es sich meist um destruktive Inhalte handelt, sind es schädliche Energien. Gerüchte auflösen zu wollen, indem man Sachverhalte richtig stellt oder Dementis herausgibt, wird meist nicht gelingen. Denn dadurch schürt man sie nur weiter. Sie werden größer und größer und nehmen an Bedeutung zu. Nur indem man ihnen die Aufmerksamkeit entzieht, kann man sie »aushungern«. In diesem Fall ist Angriff nicht die beste Verteidigung! Also, ignorieren Sie die Gerüchte besser.

Gerüchte beziehen Ihre Nahrung aus Klatsch und Tratsch. Das Klima eines Betriebs kann durch solch indiskretes internes Geplauder geradezu vergiftet werden. Alles, was an Klatsch in Umlauf gebracht wird, hängt wie kleine graue Wolken in den Räumen. Der Nächste, der den Raum betritt, nimmt diese Schwingung wahr, und im Laufe der Zeit entsteht so etwas wie ein energetisches »Raumgift«, das in keiner Weise dem Unternehmen nützt! Diese vergiftete Atmosphäre wird auch von Kunden unbewusst wahrgenommen. Sie wirkt weiter über das Innere des Betriebes hinaus und ist absolut geschäftsschädigend! Egal, worum es sich bei Tratsch handelt, ob um das Unternehmen, den Chef, Kunden oder einen Mitarbeiter – es schadet allen! Jeder, der über einen anderen Gerüchte verbreitet, sollte wissen, dass diese Energie wie ein Bumerang zu ihm zurückkommt. Und es schadet dem Beschuldigten meistens weniger als demjenigen, der ihn verbreitet hat.

Geistiger Müll

Alles, was man sieht, hört und aufnimmt, kann stärkend oder schwächend wirken. Oft ist auch dies eine Frage der Dosis. Ein Glas Wein am Abend mag noch angehen, aber eine Flasche ist schlicht und einfach zu viel! Neben der Dosis spielt auch noch die Zeit eine Rolle: ein

Glas pro Stunde oder pro Woche. Alles, was wir zu uns nehmen, kann uns positiv oder negativ beeinflussen. Neben Nahrungs- und Genussmitteln betrifft das auch die »geistige« Nahrung, etwa die Bücher, die wir lesen, Gespräche, die wir führen, Filme und Kunst, die wir uns ansehen, die Musik, die wir hören, und Kontakte, die wir pflegen.

Alle »Informationen«, denen wir uns aussetzen oder denen wir ausgesetzt sind, bauen uns entweder auf oder schaden uns, machen uns fertig. Darüber sollten wir uns einfach bewusst sein und unsere »geistige Nahrung« entsprechend zusammenstellen. Darum sollten wir auch hier das Hochwertige suchen und das Minderwertige meiden. Wenn man sich nach unten orientiert, dann folgt man automatisch auch dieser Richtung. Also, orientieren Sie sich von vornherein in die Richtung, in die Sie auch streben!

Bestimmte Personen

Neben den materiellen und energetischen Blockaden spielen unsere Mitmenschen in unserem Leben eine nicht zu unterschätzende Rolle. Mit welchen Menschen wir uns privat umgeben, ist ausschlaggebend für unser ganz persönliches Wohlbefinden. Aus welchen Personen ein Unternehmen besteht, welche Mitspieler Ihr Team hat, ist entsprechend ausschlaggebend für den Erfolg oder Misserfolg Ihres Unternehmens.

Wenn Sie bei einem Ihrer Mitarbeiter auch nur den leisesten Verdacht hegen, dass er dem Unternehmen mehr schadet als nützt, dann gehen Sie diesem Verdacht nach! Ein unzufriedener, ständig nörgelnder Mitarbeiter wirkt sich langfristig kontraproduktiv aus. Auf der anderen Seite ist ein Unternehmen, das Sie als Angestellten unglücklich macht, auch für Sie nicht empfehlenswert. Das Unternehmen sollte eine Bereicherung für jeden Mitarbeiter sein und jeder Mitarbeiter eine Bereicherung für das Unternehmen. Doch wenn Sie tagtäglich ungern zur Arbeit gehen, dann tut Ihnen das auf keinen Fall gut. Entweder Sie ändern etwas an Ihrem Job, oder Sie verändern Ihre Haltung dazu. Handeln aber müssen Sie.

Als Unternehmer können Sie sich normalerweise Ihre Angestellten aussuchen. Deshalb sollten Sie sich neben den Fragen nach der Qualifikation auch immer die Frage stellen: »Tut er meinem Unternehmen gut?« Denn nur, wenn beides zusammenpasst, Mensch und Unternehmen, sind die Voraussetzungen für den Erfolg gegeben. Die wohl jedem von uns bekannten Nervensägen etwa behindern eher, als dass sie nützen.

Manche Mitarbeiter vertreten auch die Auffassung, dass das Unternehmen zu ihrer ganz persönlichen Unterhaltung da sei, und vergessen, dass sie eigentlich für das Unternehmen da sein müssten. Dieser Typ von Mitarbeiter stöhnt unter der scheinbaren Last seiner Arbeit, als ob man ihn im Bergwerk schuften ließe. Eine Putzfrau, die einen durch ihr Nörgeln und Stöhnen mehr belastet, als durch ihre Arbeit für Entlastung zu sorgen, wirkt sich in der Bilanz schwächend aus. Als Chef sind Sie wirklich nicht dazu da, Ihre Angestellten zu unterhalten; zu motivieren ja, aber nicht zu unterhalten. Wenn Sie den Eindruck haben, dass Sie mehr in den Mitarbeiter investieren, als er Ihrem Betrieb Gewinn bringt, dann sollten Sie sich von ihm trennen. Denn auch in diesem Fall gilt: Es kommt immer etwas Besseres nach, aber erst, wenn man etwas Altes loslässt!

Bei Kollegen sieht die Sache schon anders aus. Vielleicht kennen Sie auch den Typ »Vampir«, der Sie nur ausnutzt und immer etwas von Ihnen will? Der an Ihre Hilfsbereitschaft appelliert, aber wenn Sie ihn mal brauchen, leider nicht kann? Kollegen kann man sich nun mal nicht aussuchen. Aber man kann ihr Verhalten beeinflussen. Sie können schlicht und einfach Nein sagen, wenn Sie Nein meinen und ihm oder ihr somit ihre Grenzen zeigen. Auf das Gejammer einzugehen heißt nur, ihm neue Nahrung zu geben. Also klinken Sie sich aus! Machen Sie ihm höflich, aber direkt deutlich: Nicht mit mir!

Der Kontakt zwischen Kollegen muss auf der Sachebene funktionieren. Sie müssen darüber hinaus aber nicht Ihre Freizeit mit ihnen verbringen und mit ihnen befreundet sein! Eine gewisse Distanz zu wahren und seinen Kollegen mit Achtung zu begegnen ist hier hilfreich. Sympathisch finden müssen Sie sie nicht unbedingt.

Dazu sind Ihre Freunde da! Trennen Sie diese beiden Bereiche, und Sie haben ein Problem weniger. Wer denkt, dass er auch noch an den Wochenenden mit seinen Kollegen ein freundschaftliches Verhältnis pflegen muss, der überfrachtet vielleicht dieses kollegiale Verhältnis mit zu hohen Erwartungen.

In Ihrer privaten Zeit sollten Sie ebenso auf Ihr Wohlbefinden achten und sich mit Menschen umgeben, die Ihnen gut tun. Die Verknüpfung von beruflichen Verpflichtungen mit der freien Zeit, Geschäftsessen am Abend, Golfspielen am Sonntag, immer im Hinblick auf einen eventuellen geschäftlichen Nutzen, ist auf die Dauer wenig stärkend. Ihre freie Zeit ist kostbar, also achten Sie darauf, mit wem Sie sie teilen! Ebenso wie die Entrümpelung Ihrer Räumlichkeiten ist hier das Aussortieren Ihres Adressregisters und Ihres Telefonspeichers vonnöten. Trennen Sie zunächst berufliche Kontakte und private, trennen Sie auch Ihre beruflichen und privaten Telefonanschlüsse und schützen Sie Ihre Privatsphäre! Streichen Sie die Nummern derjenigen Bekannten, zu denen der Kontakt seit langem eingeschlafen ist und Ihnen auch nicht mehr wünschenswert erscheint. Denn auch hier gilt: Wenn nichts Altes geht, kann nichts Neues in Ihr Leben treten!

Problematische Kunden

Immer wieder klagen Unternehmer über ihre Kunden. Zugegeben, manche nerven und bezahlen schlecht, doch für manche Firmen scheinen Kunden generell ein notwendiges Übel zu sein. Wenn man diese Einstellung zu Kunden hat, dann spiegelt sich das sicher im Auftreten der Kunden wider: Sie ernten immer genau das, was Sie auch säen! Was Sie an Erwartung aussenden, das kommt zurück zu Ihnen. Wenn eine Kundin das Geschäft betritt, merkt sie sehr wohl, welche Gefühle ihr eine Verkäuferin entgegenbringt. Und das, bevor das erste Wort gesprochen wurde. »Schon wieder so eine frustrierte Hausfrau« wird als Einstellung ebenso spürbar wie »Interessant, mal sehen, was hinter dieser Person steckt«.

Wenn man sich als »Verkäufer« (und Verkäufer sind alle Unternehmer) seinen Kunden mit wahrem Interesse nähert, zieht man Kunden an, die einem dasselbe Interesse zurückspiegeln. Ich habe beschlossen, dass meine Kunden ausschließlich nette Menschen sind, die meiner Arbeit Interesse und Wertschätzung entgegenbringen. Beides signalisiere ich aber auch meinen Kunden. Das Ergebnis sieht gut aus: Meine Kunden sind eine Bereicherung meines Lebens (jedenfalls die meisten). Wenn sich im Ansatz »Nervensägen« zeigen, so verabschieden diese sich meist von allein aus meinem Leben. Ich brauche sie nicht, sie stoßen nicht auf Resonanz bei mir.

Allerdings brauchen manche Menschen auch den Stress mit ihren Kunden – wie manch einer eben auch lieber Stress mit seinem Partner mag als Harmonie. Wenn solche Störenfriede auf dieser Ebene Beachtung finden, dann nerven sie auch weiterhin. Entzieht man ihnen jedoch die Aufmerksamkeit, indem man sie ignoriert, so »trocknen« sie früher oder später aus. Wie auch immer Sie sich entscheiden, Sie *können* sich entscheiden und werden die Kunden und Mitarbeiter anziehen, die Sie brauchen und wollen. Machen Sie eine Liste mit den Dingen, Personen, Problemen und Aktivitäten, die Sie persönlich als Ballast empfinden. Was könnten Sie davon streichen? Was sind vielleicht nur Relikte aus alten Zeiten?

Belastende Denkmuster und Haltungen

»Wenn du kein Lächeln auf den Lippen hast, brauchst du deinen Laden gar nicht erst aufzumachen«: Dieses chinesische Sprichwort drückt die Haltung aus, die die Grundlage für jedes funktionierende Unternehmen ist. Wenn die innere Einstellung fehlt, kann es zu keinem dauerhaften Erfolg kommen. Eine positive Haltung stärkt umgekehrt Sie persönlich ebenso wie Ihr Geschäft.

Eigentlich kann sich kein Geschäftsmann eine arrogante, überhebliche Haltung seinen Kunden gegenüber leisten. Dennoch treffe ich sie überall, diese überheblichen Verkäuferinnen mit ihrem abschätzigen Blick. Sie mustern einen schon beim Betreten des Geschäfts, kein Lächeln kommt über ihre Lippen, und wehe, man sucht ihre Beratung. Absolut reizend werden diese Damen dann, wenn eine scheinbar bekannte oder wichtige Persönlichkeit den Laden betritt: Dann zerfließen sie vor Charme! Dieser Haltung liegt die falsche Annahme zugrunde, dass der Kunde für sie da sei.

Wenn man als Verkäufer jedoch nicht am Menschen interessiert ist, sollte man sich schnellstmöglich einen anderen Job suchen! In Dienstleistungsunternehmen steht nun einmal der Mensch im Mittelpunkt, egal ob man Bekleidung, Elektronik oder Würstchen verkauft. Abschätziges Denken gegenüber dem Kunden »hängt« wie eine Glocke im Raum und wird vom Kunden genau registriert. Hier ist ein Geschäft von vornherein zum Scheitern verurteilt. Falls Sie mit Kunden zu tun haben, sollten Sie sich zunächst Ihre eigene Haltung gegenüber Ihren Kunden klar machen. Ist diese beispielsweise ambivalent, so brauchen Sie sich nicht über zögerliches Verhalten Ihrer Kundschaft zu wundern. Sehen Sie zu, dass Sie sich von dieser Sie blockierenden Haltung verabschieden! Ersetzen Sie sie durch eine neue.

Nichts klebt so an einem wie alte Denkmuster. Auch diese gehören entsorgt, wenn Neues kommen soll. Der Satz »Das wurde hier schon immer so gemacht und hat sich bewährt« ist wohl eine der übelsten Bremsen für Neuerungen. Die Zeiten ändern sich, die Kunden ändern sich und die Art zu handeln ebenfalls. Hier hilft nur: Seien Sie offen Neuem gegenüber und holen Sie sich Unterstützung von außen, falls Sie das Gefühl haben, festgefahren zu sein. Manchmal reicht ein kleiner Anstoß, und man läuft ganz von selbst in die neue Richtung.

Überflüssige Probleme

Was für den einen im negativen Sinne ein unüberwindliches Problem darstellt, ist für den anderen im positiven nur eine neue Herausforderung. Sich im Restaurant für ein Menü zu entscheiden mag für den einen nicht der Rede wert sein, während es für den anderen bei der großen Auswahl ein wirkliches Problem darstellt. Für den einen ist es ein Berg, vor dem er steht, für den anderen ein kleiner Stein auf seinem Weg.

Die Größe eines Problems hängt also auch von dem Raum ab, den Sie ihm geben! Probleme brauchen Futter, um zu wachsen, und dieses Futter besteht aus der Aufmerksamkeit und der Energie, die Sie ihm zuführen. Wie ein kleines Küken, das Sie mästen und aus dem irgendwann einmal ein großer dicker Vogel wird, wachsen auch Probleme dadurch, dass Sie sie »füttern«. Sich tagtäglich über das Problem aufzuregen, das man mit dem Chef hat, führt zu gar nichts. Das Problem wächst und wächst nur dabei.

Es gibt zwei Möglichkeiten: das Problem zu lösen oder die Situation zu akzeptieren. Entweder man unternimmt Schritte, die zur Beseitigung dieses Problems führen, oder man akzeptiert, dass es nicht zu beseitigen ist. Und dann lässt man es los! Das Problem mit dem streitsüchtigen Nachbarn kann man vielleicht nicht lösen, wohl aber kann man den eigenen Standpunkt verändern, indem man das unlösbare Problem als solches akzeptiert, nicht länger darüber nachdenkt und sich vor allem nicht mehr darüber aufregt. Denn wie schwerwiegend ein Problem ist, entscheiden immer noch Sie selbst! Sie haben Ihre ganz individuelle Definition oder Sichtweise. Und so haben Sie es auch in der Hand, Ihre Probleme zu lösen, indem Sie Ihre Sichtweise verändern. Die Frage ist nur: Wollen Sie das? Denn auch Probleme sind wie lieb gewonnene Freunde, wir lassen sie ungern ziehen. Sie bieten uns Gesprächsstoff, sichern uns das Mitgefühl unserer Freunde. Und wenn wir das nicht haben, fehlt uns etwas.

Blockierende Angst

Nichts blockiert mehr als Angst. Angst ist der größte Bremsklotz im Leben eines Menschen. Entwicklungsgeschichtlich gesehen ist Angst durchaus sinnvoll, denn sie warnt uns vor Gefahr. Die Angst vor dem wilden Löwen macht uns wachsam, der Körper schüttet Adrenalin aus, und das schärft die Sinne. Wir sind jederzeit bereit, die Flucht anzutreten. Wenn wir nicht mehr fliehen können, da uns der

Löwe den Fluchtweg abschneidet, reagieren wir panisch oder paralysiert. Wie gelähmt starren wir ihn an – nur dass es kein Löwe ist, sondern nur der Chef, der in der Tür steht und das halb fertige Projekt abfragt. Oder der Kunde, der uns scheinbar eine Nummer zu groß ist. Was, wenn er das teure Gerät wirklich kauft?

Wenn man wissenschaftlichen Erhebungen glaubt, so leidet jeder Vierte in Deutschland an Angststörungen. Diese sind in den meisten Fällen nicht an konkrete Angstauslöser wie Tiere oder Ähnliches gebunden. Es sind eher die Angst vor der Zukunft, Angst vor Arbeitslosigkeit, Prüfungs- und andere Versagens- und Verlassensängste. Nichts aber blockiert mehr als Angst. Wenn man schon im Vorfeld Angst hat, von einem Menschen nach Jahren einmal verlassen zu werden, so hindert einen diese Angst womöglich daran, sich überhaupt auf einen Menschen einzulassen.

Wer unendliche Angst vor Prüfungen hat, wird eine Hochschullaufbahn vermeiden, denn dabei geht es nun einmal nicht ohne Prüfungen ab. Und Angst vor einem unsicheren Leben ohne geregeltes Einkommen ist nicht gerade der richtige Antrieb, sich selbstständig zu machen. Für Geschäftsleute ist die Angst zu versagen fatal! Ich möchte nicht unter einem Chef arbeiten, der sich unsicher bezüglich seiner Fähigkeiten ist. Ebenso wenig, wie Sie sicherlich mit einem Piloten fliegen wollen, der Flugangst hat. Wenn ein Chef Angst vor seinen Mitarbeitern hat, ist er so gut wie verloren! Es bedeutet für ihn ebenso das Aus wie für einen Lehrer, der seine Schüler fürchtet. Menschen haben ein feines Gespür für diese Unsicherheit. Ein Kunde wird einen großen Auftrag nicht einem Unternehmen anvertrauen, das Angst hat, diesen nicht ausführen zu können. Diese Unsicherheit liegt spürbar in der Luft.

Alles, was »zu viel« ist

»Mir ist das alles zu viel! Jeder will etwas von mir, ständig klingelt das Telefon, und keiner kann warten!« Dass einem die Aufgaben über den Kopf wachsen, sieht man am ehesten einem überladenen

Schreibtisch an. Dieser ist nur das äußere Spiegelbild der inneren Befindlichkeiten. Das berufliche Umfeld zu entrümpeln bedeutet aber, ebenso die eigenen Aufgabenbereiche zu sichten, zu sortieren und auch hier das Zuviel zu erkennen und zu eliminieren. Alles, was nicht zu Ihren Aufgabengebieten gehört, ist das, was Sie überlastet.

Dieses Gefühl der Überlastung ist den meisten von uns nur allzu gut bekannt. Wobei es auch hierbei ganz unterschiedliche persönliche Toleranzen gibt. Für den einen sind bereits zwei Dinge, die er am Tag erledigen soll, zu viel. Für den anderen kann die Liste unendlich viel länger sein, und er hat immer noch das Gefühl, die Sache im Griff zu haben. Ein objektives Zuviel gibt es kaum. Ausschlaggebend muss das individuelle Maß des Wohlbefindens sein.

Falls Ihnen irgendetwas zu viel erscheint, dann machen Sie zunächst eine Liste Ihrer Aufgaben und Tätigkeiten. Denn nur nach einer genauen Analyse der Ursachen können Lösungen gefunden werden. Also: Was genau ist zu viel? Zu viele Besprechungstermine, bei denen doch nichts herauskommt? Zu viel Post, die beantwortet werden soll? Zu viele Telefonate, die vielleicht gar nicht in Ihr Aufgabengebiet fallen? Was zu viel ist, kann weg! Was Ihnen nicht gehört, vielleicht gar nicht zu Ihren Aufgaben gehört, muss als zu viel erkannt und eliminiert werden. Voraussetzung dafür ist jedoch eine genaue Beschreibung des Arbeitsgebietes. Fehlt diese, so zeigt sich das oft im äußeren Erscheinungsbild. Fehlende Klarheit darüber, was wer zu tun hat, wird kaum äußere Ordnung nach sich ziehen. Chaos in den Büros, das ständige Suchen nach Unterlagen, der fehlende, klar definierte Ort der Dinge, Unruhe in der Atmosphäre, künstliche Hektik und unruhige Betriebsamkeit sind die äußeren Zeichen von innerer Verwirrung.

Die Lösung: Einfach loslassen!

Sich von den alten, lieb gewonnenen Dingen zu trennen ist für die meisten von uns ein schmerzhafter Prozess. Warum geben wir so ungern Altes auf, obwohl wir doch ganz genau wissen, dass es uns blockiert, einschränkt oder auch nur Kosten verursacht? Warum trennen wir uns nicht von den Nervensägen? Warum halten wir an Gewohnheiten fest, obwohl sie uns eigentlich nur nerven? Warum kündigen wir nicht den Job, der uns seit Jahren nervt? Warum verlassen wir nicht die Stadt, da wir doch in einer anderen bessere Möglichkeiten hätten?

Weil uns unser Chaos hier vertraut ist! Vertrautes macht uns keine Angst, Vertrautes gibt uns Sicherheit. Der vertraute Job ist, wenn auch noch so stressig und nervend, ein guter alter Bekannter. Und der Mensch ist eine träge Masse, die sich nur ungern bewegt. Alte Gewohnheiten, auch die schlechten anderer Leute, sind uns vertraut, mit ihnen können wir rechnen. Aber alles Neue ist unberechenbar und stellt somit zunächst einmal eine Gefahr dar. Wer diese Probleme des Loslassens kennt, wem vielleicht das Loslassen von Dingen zu schmerzhaft und das mentale Loslassen zu abstrakt ist, der sollte auf die Hilfe von Ritualen zurückgreifen. Denn damit kann man für sich selbst das Loslassen buchstäblich fassbar machen.

Sie wollen die alten Briefe Ihres letzten Geschäftspartners zwar eigentlich wegwerfen, können sich aber doch nicht so recht von ihnen lösen – obwohl die Trennung für Sie vielleicht schmerzlich war und die Erinnerung an den Partner nicht gerade die beste ist? Wenn Sie diese Briefe als Belastung empfinden, so erleichtern Sie sich doch, indem Sie sie verbrennen. Dem Feuer mit seiner transformierenden Kraft gelingt es vielleicht, Ärger »in Rauch« aufgehen zu lassen. Machen Sie daraus ein Ritual, vielleicht am Lagerfeuer im nächsten Urlaub oder in Ihrem Garten. Erlauben Sie Ihrem Ärger, mit dem Rauch abzuziehen, und geben Sie dem Rauch Ihre Wünsche für die Zukunft mit! Ein neuer Geschäftspartner kann jetzt kommen!

Vielleicht fühlen Sie sich doch eher zum Wasser hingezogen? Schreiben Sie Ihr Problem auf einen Zettel. Aus diesem Zettel falten Sie ein Boot und setzen es in einen kleinen Bach oder Fluss. Tun Sie das ganz bewusst mit den Worten »Ich lasse dich jetzt ziehen« und schauen Sie dem Boot noch eine Weile nach. Sie werden sehen: Nun sind Sie mit diesem Thema oder Problem durch und können sich neuen Dingen widmen.

Geschehnisse und Vorgeschichten

Eine meist unterschätzte Altlast ist die Vorgeschichte von Gebäuden und von Räumen. Unter dem Aspekt, dass alles Geschehene seine »Fingerabdrücke« auch in Häusern und Räumen hinterlässt, muss man diesen Schwingungen Beachtung schenken. Auch die Vorgeschichte kann, ebenso wie Gerümpel, eine Last sein. Während man das Gerümpel ziemlich einfach entsorgen kann, ist die Vorgeschichte oft etwas »klebriger«. Darum sollte man sich generell vor dem Kauf oder Mieten eines Hauses nach dieser erkundigen. Warum hat der vorige Betrieb diese Räume verlassen? Ging er Pleite oder musste er sich neue Räume suchen, da er expandierte? Der zweite Fall wäre natürlich der günstigere. Im Konkursfall wäre der erste Eindruck der Räume besonders zu prüfen. Sollten Sie nur die geringsten Zweifel daran haben, dass diese Räume Ihrem Unternehmen gut tun, so lassen Sie die Finger von dem Objekt!

Räume sind die Hüllen Ihres Unternehmens. Und wenn diese »krank« oder durch frühere Nutzer belastet sind, so tun sie Ihrem Unternehmen nicht gut. Räume sollten die Ziele Ihres Unternehmens unterstützen und nicht zusätzlich belasten. Im Fall eines Berliner Bürohauses etwa wurden diesbezügliche Warnungen nicht ernst genommen. In dem 1871 erbauten Haus sind bis dahin alle Firmen Bankrott gegangen. Es war eine prächtige Villa mit wunderschönen hohen Räumen, erbaut über dem Brunnen eines früheren Gutes. Der Verkäufer selbst warnte die neuen Mieter, doch diese empfanden das eher als Herausforderung. Fakt ist: In diesem Gebäude brach kurz nach Fertigstellung der Renovierungsarbeiten ein Feuer aus, das enormen Schaden und zeitliche Verzögerungen verursachte. Innerhalb eines Jahres zerstritten sich alle Gesellschafter der Hauptfirma. Die Firma wurde aufgelöst, das Haus verkauft.

Auch sollte man Räumen, die sich in irgendeiner Weise »seltsam« anfühlen, mehr Beachtung schenken. Dieses seltsame Gefühl kann sich als allgemeines Unwohlsein äußern. Es kann durchaus auch sein, dass die Gefühle stimmig sind, sich aber in den Räumen bestimmte Geschehnisse wiederholen. So beispielsweise, dass Mitarbeiter, die dort arbeiten, nach kurzer Zeit wieder kündigen. Falls solche sich wiederholenden Geschehnisse vorliegen, sollte man sie sich besonders genau ansehen und der eigenen Intuition folgen. Räume können auch kurzfristig verunreinigt oder »verpestet« sein, etwa durch Streitereien oder harte Auseinandersetzungen. Gerade Besprechungsräume sind davon betroffen. Diese Räume gilt es, energetisch zu entrümpeln! Hierzu kann man Rauch oder auch Sprays benutzen, die Energien kurzfristig neutralisieren.

- Alles, was ein Unternehmen belastet, ist Ballast. Und zu diesem Ballast zählt alles, was Sie oder Ihren Betrieb unmittelbar behindert.
- Das berufliche Umfeld zu entrümpeln bedeutet ebenso, die Aufgabenbereiche zu sichten, zu sortieren und auch hier das Zuviel zu erkennen und zu eliminieren.
- Was Sie ganz persönlich stört, ist für Sie schwächend und somit für das Unternehmen geschäftsschädigend.
- Lassen Sie sich nicht von den Gedanken und Reden anderer »herunterziehen«.
- Suchen Sie sich Unterstützung bei Gleichgesinnten.
- Probleme sind dazu da, gelöst zu werden. Lassen sie sich nicht verändern, so verändern Sie eben Ihre Einstellung dazu!

8. Das Chaos »erleben«

Können Sie sich vorstellen, wie Chaos riecht? Wie schmeckt Gerümpel, wie fasst es sich an, wie klingt es? Welcher Sinn ist für Sie persönlich der wichtigste? Sind Sie eher ein visueller oder ein akustischer Typ?

Das Chaos ist nicht nur sichtbar im Raum vorhanden, es ist auch deutlich spürbar. Sowohl das, was uns gut tut, als auch das, was uns schadet, wirkt auf all unsere Sinne. Menschen, Räume, aber auch Gegenstände sprechen uns als Erstes über unsere Sinne an: allen voran unser visueller Sinn, denn wir sind in der heutigen Gesellschaft zunächst einmal »Augenmenschen«. Daher nehmen wir in einem Raum das Chaos zunächst visuell war. Und zwar von unten nach oben: Der Blick fällt auf den Boden und wandert von dort auf Augenhöhe. Das auf dem Boden herumstehende Gerümpel, die Kartons, die zwischen den Möbeln lagern, nehmen wir als Erstes wahr. Von unten nach oben beurteilt unser Auge die Dingwelt um uns herum.

Der erste Eindruck ist entscheidend

Der erste Eindruck prägt. Er ist die wichtigste Botschaft, die wir erhalten. Der Händedruck eines Menschen, sein Lächeln, sein Geruch erzeugen innerhalb weniger Sekunden Sympathie oder Antipathie. Doch dieser erste Eindruck ist nicht nur in der Begegnung mit Menschen entscheidend. Auch bei Räumen »impft« er sich ein, wirkt wie ein Brandmal und ist auch durch nachfolgende Eindrücke schwer zu korrigieren. Kunden, die Ihre Geschäftsräume zum ersten Mal betreten, nehmen diese vollkommen anders wahr, als Sie selbst es tun. Man ist seinen eigenen Räumen gegenüber sozusagen »betriebsblind«. Man riecht nicht mehr, dass es vielleicht nach Heizöl stinkt, man hört das nervende Geräusch der vorbeifahrenden Bahn nicht mehr, man nimmt den vergammelten Teppichboden schon lange nicht mehr wahr. Und dennoch ist all dies vorhanden!

Den ersten Eindruck eines heruntergekommenen oder unordentlichen Äußeren im Nachhinein zu revidieren ist so gut wie unmöglich. Stellen Sie sich Folgendes vor: Sie haben eines Tages keine Lust, sich ordentlich anzuziehen. Sie gehen ungewaschen und unrasiert in alten Hosen und einem leicht zerschlissenen Hemd und dazu noch ungeputzten Schuhen zu einem neuen Kunden, von dem Sie einen neuen Auftrag erwarten. Sie erklären ihm, dass Sie natürlich nicht immer so herumlaufen und dass er von Ihrem gammeligen Äußeren nicht auf eine schlechte Lieferung oder Leistung schließen soll.

Sie meinen, dass Sie sich nie so geben würden, jedenfalls nicht, wenn Sie einen Kunden besuchen oder erwarten? Aber warum sieht es dann in vielen Unternehmen, übertragen auf die Räumlichkeiten, genau so aus? Oder sogar noch schlimmer? Da »glänzen« Unternehmen, die unter anderem vom Verkauf von Teppichböden leben, in ihren Seminarräumen mit total schäbigen, vollkommen verdreckten Fußböden. Und in diesen Räumen sollen Kunden weitergebildet werden! Der schlechte Eindruck »sitzt« und wird auch noch nach erfolgter Renovierung mit dem Unternehmen in Verbindung gebracht.

Wir »denken« mit allen Sinnen

Der erste Eindruck ist eine unbewusste Mischung verschiedener sinnlicher Eindrücke. Diese sind olfaktorischer, taktiler, akustischer, visueller und energetischer Natur. Entwicklungsgeschichtlich betrachtet ist der Geruchssinn in unserem »Reptilhirn« angesiedelt und unser ältester Sinn – und somit auch der schnellste. Gerüche wirken oft indirekt auf einer subtilen Ebene, und das noch vor allen anderen Sinneseindrücken. Haben wir, vielleicht aufgrund von Kindheitserinnerungen, zusammen mit Dingen unangenehme Gerüche gespeichert, so wird beim erneuten Anblick dieser Dinge der Geruch und somit der negative Eindruck wieder abgerufen. Gerüche beeinflussen sofort unsere Stimmungen und Gefühle.

Wenn man einen Menschen »nicht riechen« kann, dann ist nichts zu machen. Ebenso verhält es sich mit Räumen und Gegenständen. Sie betreten einen Raum und nehmen die Vielfalt der Gerüche wahr, ohne dass Sie genau sagen könnten, ob es wirklich gut riecht. Aber Sie registrieren unbewusst, wenn irgendetwas Ihrer Nase nicht gefällt: schlechte Luft genauso wie verfaulte, abgestandene, moderige Gerüche. Nicht umsonst wirken umgekehrt bestimmte Gerüche motivierend oder verkaufsfördernd: beispielsweise der Geruch von Orangen oder Zitrusfrüchten, der mit Frische assoziiert wird. Allerdings sollte man sehr vorsichtig damit sein, unangenehme Gerüche mit Wohlgerüchen zu »überlagern«, denn die unangenehmen werden bald die angenehmen durchdringen.

Geschäftsschädigende Gerüche

Alles, was in irgendeiner Weise »stinkt«, alt und vergammelt riecht, hat im Geschäftsbereich nichts verloren! Mit frischer Luft wird Qualität, Atmosphäre und Schwung assoziiert. Wenn der erste Geruchseindruck negativ ausfällt, so wirkt sich dies auf das Image des Unternehmens aus: Auch dieses riecht buchstäblich nach »Keller«. Tabakrauch ist generell kein Geruch, der die Atmosphäre eines Unternehmens positiv unterstützt – es sei denn, das Geschäft verkauft Zigarren. Der Duft frischen Kaffees wird im Allgemeinen gut akzeptiert, wenn der Zusammenhang stimmt. Riechen Büroräume zu sehr danach, so verbindet der Kunde den Kaffee mit zahlreichen Pausen und fragt sich vielleicht, ob hier überhaupt gearbeitet wird.

Erfahrungsgemäß haben Frauen einen besseren Geruchssinn als Männer, darum sollte man hier auf die feinen Nasen der Mitarbeiterinnen hören. Sollte ein Kunde oder eine Kundin auch nur vorsichtig äußern, dass es »hier irgendwie komisch« rieche, so nehmen Sie diese Äußerung ernst und gehen Sie dem Geruch nach. Die subtile Wirkung von Gerüchen führt bei negativen Reizen dazu, dass Kunden wegbleiben, manchmal ohne selbst genau zu wissen, warum.

Auch Gerüche sind im Übrigen modischen Schwankungen unterworfen. Galt vor einigen Jahren der Geruch von grünen Äpfeln noch als »frisch« und somit gut für Verkaufsräume, so verströmt inzwischen fast jedes Spülmittel Apfelduft. Somit verbindet man mit dieser Geruchsnote inzwischen weniger Frische als vielmehr Geschirrspülen. Dieses Verbreiten von Düften und eine so genannte Inflation von Wohlgerüchen findet ständig statt. Sind bestimmte Gerüche erst einmal Bestandteil von Weichspülern und Toilettensprays (wie zurzeit der Duft von Orangenblüten), so gehören sie nicht mehr in Geschäftsräume.

Generell sollte man eher vorsichtig als großzügig mit dem Einsatz von künstlichen Düften sein. Wichtig ist, dass nur naturreine Duftöle zum Einsatz kommen und keine synthetischen. »Duftorgeln« und andere Systeme beduften großflächig Geschäfte und Büros. Und dieser Trend ist steigend. Jetzt muss nur dafür gesorgt werden, dass der Duft auch wirklich verkaufsfördernd wirkt. Er muss vor allem zur jeweiligen Branche passen und diese unterstützen. Ein Schreibwarengeschäft sollte nicht nach Zimt und Weihnachtsgewürzen riechen, es sei denn, es passt in die Jahreszeit. Hier wären leichte Zitrusdüfte oder Vanille angebracht, aber in schwacher Konzentration.

Ein Sportgeschäft, das nach Lilien riecht, wäre auch nicht gut beraten, denn das wird eher mit Schwere als mit Aktivität assoziiert. Der Duft frischen Kaffees dagegen könnte durchaus eine wärmere Atmosphäre in die kalten Autohäuser bringen, ebenso wie in ein Elektrogeschäft, das auch Kaffeemaschinen verkauft. Ein Raumduft muss also unbedingt zum Produkt oder zur angebotenen Dienstleistung passen und darf ihnen nicht widersprechen. Ein Reinigungsunternehmen verkauft Sauberkeit und Frische. Ein Büro für Gestaltung verkauft kreative Ideen und somit »frischen Wind«. Schwere orientalische Düfte hingegen wirken eher niederdrückend und wären hier nicht angebracht.

Es muss sich gut anfühlen

Wir dürfen die Ausgangsthese nicht vergessen: Die Gestaltung eines Unternehmens soll die unternehmerischen Ziele unterstützen und ihnen nicht schaden! Dass hierbei auch der Tastsinn eine Rolle spielt, mag zunächst nicht ganz einleuchten. Aber wie sich ein Unternehmen »anfühlt«, ist ganz und gar nicht unerheblich! Ob der Kunde den Türgriff gern anfasst, weil dieser ein gutes Gefühl hinterlässt, oder ob er beim ersten Anfassen zurückschreckt, weil er klebt oder kalt ist, wird einen Eindruck hinterlassen.

Der Mensch »sieht« unter anderem mit den Händen. Nicht nur Kinder fassen ganz automatisch alles Neue an. Beobachten Sie einmal Erwachsene oder sich selbst beim Einkaufen: Sehen und Greifen ist da fast eins! Wir berühren den Pullover, den wir schön finden: Nein, der kratzt, also schaue ich ihn mir gar nicht mehr genauer an. Dinge, die sich gut verkaufen sollen, müssen sich also auch gut anfühlen. Und ein visuell positiver Eindruck kann durch den haptisch negativen aufgehoben werden.

Das Erste, was man beim Betreten eines Geschäftes in der Hand hat, ist der Türgriff (es sei denn, die Tür öffnet automatisch). Ein Türgriff kann wie alles andere auch abschrecken oder einladen, wie das Beispiel eines hochwertigen Herrenausstatters in Stuttgart beweist: Fasst man dort den Griff an, so zieht man (zumindest als Frau) die Hand sofort reflexartig zurück. Der Griff dieses exklusiven Geschäfts ist rau und scharfkantig. Vielleicht empfinden ja zupackende Männerhände diese Rauheit gar nicht? Oder es handelt sich um einen gewollten Effekt, um bestimmte Kunden fern zu halten, frei nach dem Motto: »Hier soll beileibe nicht jeder rein!«

Die Haptik von Verkaufstischen muss ebenfalls angenehm daherkommen. Teurer Schmuck etwa sollte nicht auf billig scheinenden Kunststoffoberflächen präsentiert werden; ebenso wirken Tischplatten aus kalten Materialien, wie beispielsweise Naturstein oder Glas, abschreckend auf die sensiblen Hände. Ein Glastisch wäre in einem Restaurant ebenso wenig einladend wie billiges Besteck. Denn noch empfindsamer als die Hände und Fingerspitzen ist der Mund. So ist es ein ganz eigenes Erlebnis, eine gute Mahlzeit mit einem silbernen Besteck zu essen. Die runden weichen Kanten silberner Löffel fühlen sich im Mund ganz anders an als die harten Kanten von Edelstahlbesteck. Einem Feinschmeckerlokal stünde daher Silber durchaus gut zu Gesicht.

Der Mensch fühlt aber auch mit den Füßen. Er nimmt selbst durch die Schuhe hindurch die Beschaffenheit der Fußbodenbeläge wahr. Gerade bei ledernen oder dünnen Schuhsohlen fühlen wir die Weichheit des Teppichbodens, die Wärme des Parketts oder die Härte von Granit. Die Auswahl von Materialien für den Fußboden sollte daher nicht nur unter optischen und praktischen, sondern auch unter haptischen und akustischen Gesichtspunkten erfolgen.

Mit weichen Materialien unter den Füßen wird Wärme und Geborgenheit assoziiert. Unter diesem Aspekt sind Teppichböden dort, wo man dieses Wohlbefinden und »heimelige« Flair erzeugen möchte, durchaus angebracht, wie beispielsweise in Hotelzimmern. Jedoch sollten sie stets einen hygienisch einwandfreien Eindruck machen. Zu Fußböden, die sich »billig« anfühlen, gehört beispielsweise ein klebriger PVC-Belag, schlecht verlegter Holzfußboden, der »hohl« klingt, oder auch Blech. So kann Tränenblech als Fußbodenbelag etwa durchaus zu einer technischen Einrichtung oder einer Werkstatt passen, ist aber in einem exklusiven Bekleidungsgeschäft gänzlich fehl am Platz.

Gerümpel klingt billig

Dass über den Hörsinn Gefühle erzeugt werden, ist nichts Neues. Musik ist eines der Medien, die am schnellsten Gefühle transportieren. Ein Musikstück kann unsere Laune schlagartig aufhellen, kann uns aber auch von einer Sekunde zur anderen traurig stimmen.

Wir sind andererseits tagtäglich auch unfreiwillig allen möglichen akustischen Reizen ausgesetzt, denn wir können ja nicht so ohne weiteres die Ohren verschließen. Diese »akustische Umweltverschmutzung« ist manchmal so penetrant, dass sie fast an Körperverletzung grenzt. Wie oft haben wir es mit hörbarem »Gerümpel« zu tun! Da wären zum Beispiel all jene Geräusche, die »billig« klingen, etwa die Blechglöckchen, die an der Tür eines Juweliers scheppern. Angesichts der hochpreisigen Ware des Geschäfts erwartet man hier jedoch auch einen »hochwertigen« Klang, eben Glöckchen, die »golden« oder »silbern« klingen.

In unserer solchermaßen akustisch übersättigten Welt gibt es wirklich kaum einen Ort, an dem man Ruhe hat, nicht einmal in den Warteschleifen einer Telefonanlage. Ein Malerbetrieb in Bayern unterhält seine am Telefon wartende Kundschaft mit bayerischen Volksliedern. Hier mag das ja noch passen. Dieselbe Musik in einer Werbeagentur wäre dagegen eher peinlich. Aber ob die eingespielte Warteschleifenmusik wirklich zur Branche passt, kümmert die wenigsten Betriebe. Und welcher Chef nimmt das überhaupt wahr? Wer ruft schon in seinem eigenen Betrieb an und wird nicht sofort durchgestellt! Also entgeht den meisten ihre eigene Warteschleifenmusik, die ebenso belastend sein kann wie andere Störfaktoren. So können einem Unternehmen eventuell dadurch Aufträge entgehen, dass potenzielle Kunden die Warteschleifenmusik nicht ertragen und einfach auflegen. Ich zumindest habe das schon des Öfteren getan. Während der Wartephasen einfach nur nichts zu hören, wäre nicht nur für mich eine absolute Erholung! Wenn also etwas »billig« klingt und somit auch nicht zur Qualität des Unternehmens passt, ist dies ebenfalls schädlich für den Erfolg.

Gerümpel ist Schwingung

Sie haben es sicher auch schon erlebt, dass Sie einen Raum betraten und sich irgendwie unwohl fühlten. Vielleicht gefiel Ihnen sogar die Einrichtung, aber irgendetwas schien trotzdem nicht zu stimmen. Da war eben dieses Gefühl...

Wenn das in einer privaten Umgebung der Fall sein sollte, so mag es ja noch angehen. Aber wenn Kunden auf ein Geschäft, das durchaus qualitativ gute Ware anbietet, mit Unbehagen reagieren, dann kaufen sie wahrscheinlich dort nicht ein.

Alles schwingt, alle Dinge, die uns umgeben. Die Möbel, die Einrichtungsgegenstände, die Bilder an den Wänden, die Gerüche zusammen mit der Geräuschkulisse, zusammen mit den darin lebenden oder arbeitenden Menschen: Alles ist eine Summe von Schwingungen. Gemeinsam ergeben sie das, was wir unter »Atmosphäre« subsumieren. Gerümpel schwingt dabei sozusagen auf unterstem Niveau.

All das, was im Weg herumsteht oder -liegt, alle alten, kaputten Dinge und alles, was nicht in die unmittelbare Umgebung gehört, »verstopft« die Atmosphäre eines Raumes. Er kann noch so stimmig sein, sobald Gerümpel hinzukommt, hat dieser Raum ein Problem. Da alles Schwingung ist, die ja über die sichtbaren Faktoren hinausgeht, wirkt das Gerümpel auch dann noch belastend, wenn es in den Schränken lagert. Nach außen hin mag das Erscheinungsbild vielleicht ordentlich sein, aber der alte Krempel, der hinter den verschlossenen Türen der Schränke lagert, wirkt dennoch belastend. Stapelt sich beispielsweise Unerledigtes oder Altes im geschlossenen Regal hinter Ihrem Rücken, so drückt und blockiert Sie das energetisch.

Methoden der Wahrnehmung

Sie betreten tagtäglich Ihr Büro oder schließen Ihr Geschäft auf und nehmen Ihre Arbeitsräume mit Ihrem Blick wahr. Aber haben Sie sich schon einmal gefragt, wie Ihre Räumlichkeiten auf andere Menschen wirken? Denn Ihre Wahrnehmung deckt sich nicht mit der anderer Menschen.

Unterschiedliche Personen sehen die Dinge ganz unterschiedlich: Was für Sie in den Hintergrund tritt, wie beispielsweise der leere Pappkarton neben Ihrem Schreibtisch, kann Ihren Besuchern förmlich »ins Gesicht springen«. Eine objektive Wahrnehmung gibt es schlicht und einfach nicht! Aber es gibt Techniken, sowohl die eigene Sensibilität als auch die distanzierte Wahrnehmung zu trainieren.

Sich mit allen Sinnen »einfühlen«

Jeder Mensch hat einen Instinkt für Räume, der die rein visuelle Wahrnehmung übersteigt. Denn der Mensch schaut sich, wie gezeigt, einen Raum nicht nur mit den Augen an, sondern er »erfühlt« ihn mit all seinen Sinnen. Diese Sensibilitäten sind je nach Typ unterschiedlich ausgeprägt, können aber »eingeübt« werden. Das sinnliche Fühlen von Räumen oder das Einlassen auf gewisse Situationen nennt man »Einfühlung«. Man fühlt sich ein in die Haut eines Menschen und überlegt, wie er sich jetzt fühlen mag. Vielleicht kommt man zu dem Schluss, dass man nicht »in seiner Haut stecken« will. Das Mitgefühl für andere Menschen setzt die Einfühlung in ihre Situation voraus. Vorbedingung für die Einfühlung in Räume sind zunächst einmal nur Fantasie und kindliche Unbekümmertheit.

Stellen Sie sich doch einfach vor, Räume seien »auch nur« Menschen: Sie haben also Gefühle, sind traurig, glücklich oder gleichgültig, vielleicht auch verwirrt und krank. Sie haben eine mehr oder weniger starke Persönlichkeit. Betreten Sie Ihren Büroraum und fragen Sie ihn: »Na, wie geht's dir denn heute?« Schauen Sie sich um:

Er wird Ihnen antworten. Sie werden plötzlich diesen Raum unter anderen Voraussetzungen »wahrnehmen«, denn Sie haben Ihre Sichtweise verändert. Sie betrachten, einfach so zum Spaß, Ihre Räumlichkeiten mal so, wie Sie Personen betrachten. Vielleicht erscheint Ihnen Ihr Raum traurig und müde, vielleicht glücklich und munter. Oder aber er ist verwirrt. Und das ist meist dann der Fall, wenn altes Gerümpel herumliegt oder Situationen nicht geklärt sind.

Nehmen Sie weiter Ihre eigenen vier Wände mit all Ihren Sinnen wahr. Dazu begeben Sie sich allein in einer ruhigen Stunde in Ihre Büro- oder Geschäftsräume und fühlen sich ein. Lassen Sie sich nicht von der Arbeit ablenken, die da vielleicht noch herumliegt, sondern versuchen Sie mit Ihrer ganzen Körperoberfläche den Raum zu »erspüren«. Am besten ziehen Sie sich die Schuhe aus und bewegen sich auf Socken oder barfuß und mit hochgekrempelten Ärmeln weiter. Die Hände und Unterarme sollten frei sein, denn hier ist man erfahrungsgemäß am sensibelsten.

Beobachten Sie einfach nur Ihre körperliche Wahrnehmung. Vielleicht wird Ihnen warm? Oder auch kalt? Vielleicht wird Ihnen schlecht? Manche Räume erzeugen Übelkeit. Andere stimmen einen fröhlich. Sie fühlen sich heiter und leicht? Oder haben das Gefühl, durch Watte zu waten? Gehen Sie langsam im Uhrzeigersinn durch jeden Raum, erst an den Wänden entlang und dann kreisförmig nach innen. Energetisch blockierte Räume können sich »neblig« und diffus anfühlen. Wenn Sie das Gefühl haben, dass ein »Nebelschleier« über dem Raum hängt, so verbirgt sich dahinter irgendetwas Unerledigtes. Stagnierende Energien können sich wie Watte anfühlen, die überall an den Wänden klebt, oder wie Honig, der Fäden zieht. In diesem Fall sind diese Räumlichkeiten ganz sicher reif für ein Space-Clearing.

Distanz schafft Nähe

Da der erste Eindruck, den ein Kunde von einem Unternehmen bekommt, der entscheidende ist, sollte man am besten dieses Unternehmen einmal mit den Augen des Kunden betrachten. Das ist natürlich leichter gesagt als getan, denn nichts ist so schwierig, als sich vollkommen unbelastet Vertrautes anzuschauen. Die Dinge, die einem scheinbar so bekannt sind, nimmt man oft gar nicht mehr wahr. Die schief hängenden Bilder und die vor sich hin kümmernde Zimmerpflanze fallen einem selbst schon lange nicht mehr auf.

Um Vertrautes wieder wahrzunehmen, ist Distanz hilfreich. Von außen Kommende nehmen schon aus der Distanz heraus wahr. Diese Distanz kennen Sie auch, aber nicht, wenn es um Ihre eigene Arbeit, um Ihre eigenen Räume geht. Die Rechtschreibfehler in den Briefen der anderen »springen« uns gleichsam ins Gesicht. Aber die eigenen überliest man. Ich kann meine Texte viermal Korrektur lesen und entdecke nichts. Ein anderer, der vielleicht überhaupt nicht nach Fehlern sucht, findet sie umso leichter. Also müssen wir, um Fehler, Lücken oder Schwachpunkte im eigenen Unternehmen zu erkennen, »künstlich« für Abstand sorgen.

Eine der einfachsten Methoden, um zu seiner eigenen Umgebung in Distanz zu treten, ist die Fotografie. Vielleicht wundern Sie sich auch, dass Sie auf Fotos so anders als in Ihrer eigenen Realität des Badezimmerspiegels aussehen? Es gibt Menschen, die auf Fotos besser aussehen als im wahren Leben oder umgekehrt. Ob wir es wahrhaben wollen oder nicht: Fotos bilden die Realität anders ab als unsere Augen. Welche Abbildung der Wahrheit entspricht, sei dahingestellt und ist wohl auch nicht zu entscheiden. Auf jeden Fall verändert sich durch das Fotografieren Ihr Blickwinkel.

Bevor Sie sich für den Kauf oder das Mieten entscheiden, fotografieren Sie den Bau von außen. Schießen Sie Fotos aus allen Richtungen: Wenn Sie auf das Gebäude zukommen, wenn Sie vor dem Gebäude stehen, wie Sie auf Ihre Nachbarn sehen, das Gebäude im Vergleich zu den Nachbargebäuden. Fotografieren Sie auch die Sicht, die Sie im Innern der Räumen nach außen hin haben. Diese Fülle an Fotos kann Ihnen bei der Entscheidung behilflich sein. Eventuell entdecken Sie den Haken an der ganzen Sache erst, wenn Sie sich zu Hause in aller Ruhe die Fotos ansehen. Denken Sie daran, dass Sie jeden Tag diesen Blick aus dem Fenster haben werden, dass Sie Tag für Tag mit der Gestaltung Ihres Eingangs werden leben müssen! Was Sie auf den Fotos sehen, sollte Ihnen gefallen! Im Zweifelsfall nehmen Sie Abstand von diesem Objekt.

Gehen Sie im Innern des Hauses ebenso vor: Fotografieren Sie jeden der Räume von jeder Ecke aus. Mit vier Fotos pro Raum haben Sie im Normalfall einen Rundum-Eindruck. Bei leeren, noch nicht gemieteten Räumen können die Fotos eine Gedächtnisstütze oder eine Entscheidungshilfe sein. Aber vor allem in bewohntem Zustand bietet das Fotografieren eine Möglichkeit, Räume zu »verdichten«. Selbst bei noch so großer Ordnung kann sich hier das Chaos nicht verstecken. Und jede Form von Gerümpel wird auf Fotos überdeutlich!

Nehmen Sie doch auch einmal einen ganz anderen Standpunkt ein: Steigen Sie auf einen Stuhl oder einen Tisch und betrachten Sie Ihren Raum von dort oben aus. Auch so werden Brüche, Unstimmigkeiten und andere Dinge sichtbar, die Sie bis dahin vielleicht noch nicht einmal wahrgenommen haben. Wenn Sie über besondere akrobatische Fähigkeiten verfügen, können Sie auch durch einen Kopfstand Ihren Blickwinkel völlig verändern: Betrachten Sie die Welt aus dieser Perspektive! Das ist Ihnen zu anstrengend? Dann geht es auch etwas einfacher: Stehen Sie entspannt, auf dem Fußboden, die Füße schulterbreit voneinander entfernt. Beugen Sie jetzt den ganzen Oberkörper so weit nach vorn, bis Sie zwischen Ihren Beinen hindurchsehen können. Auch auf diese Weise haben Sie Ihren Blickwinkel verändert und können Ihre bekannte Welt »verkehrt herum« betrachten.

Mit den Augen eines anderen

Jeder Mensch hat mehr oder weniger eine Art selektiver Wahrnehmung. Wir haben einen eingebauten »Filter«, der viele der auf uns einstürmenden Eindrücke ausblendet, um uns vor der Reizüberflutung zu schützen. Ohne diesen Filter würden wir im Meer visueller, akustischer, olfaktorischer und haptischer Sinneseindrücke geradezu »ertrinken«. Dieser Mechanismus führt auch dazu, dass wir Veränderungen im bekannten Umfeld gar nicht mehr bewusst wahrnehmen.

Außenstehende, nicht eng an das Unternehmen gebundene Personen haben durch die Distanz eine andere Wahrnehmung als Betriebsangehörige. Die Höflichkeit allerdings verbietet es den meisten Kunden oder Besuchern, sich in irgendeiner Weise kritisch oder sogar abfällig über die Umgebung zu äußern. Daher sollte man, wenn man auch wirklich ehrlich beraten möchte, für professionelle Beratung sorgen. Im Gegensatz zu nicht professionellen »Augenzeugen«

haben Personen, die aus gestalterischen und künstlerischen Berufen kommen, eine überaus geschulte Wahrnehmung für Details und Zeichen. Ich »führe« meine Kunden immer durch ihre eigenen Räume und eröffne Ihnen den Blick auf Bekanntes, wie ich es mit meinem unvoreingenommenen Blick sehe.

Wenn Sie Wert darauf legen, dass das Image mit dem äußeren und inneren Erscheinungsbild Ihres Unternehmens übereinstimmen sollte, dann ist eine professionelle Beratung also unbedingt sinnvoll. Wahrnehmung, Interpretation und Hilfe bei der praktischen Umsetzung gehören als Komponenten ganz selbstverständlich zu jedem professionellen Space-Clearing dazu.

- Die Anwesenheit vom Gerümpel ist mit allen Sinnen spürbar.
- Für unser eigenes Chaos sind wir meistens »betriebsblind«.
- Gerüche müssen zum Unternehmen und zur jeweiligen Branche passen und sie unterstützen.
- Da alles Schwingung ist, die über die sichtbaren Faktoren hinausgeht, wirkt Gerümpel auch dann noch belastend, wenn es in den Schränken lagert.
- Es gibt Techniken, sowohl die eigene Sensibilität als auch die distanzierte Wahrnehmung zu trainieren.
- Betrachten Sie Ihre vertraute Welt einmal »verkehrt herum«. Den Blickwinkel zu verändern heißt, Vertrautes neu wahrzunehmen.

9. Was uns die Dinge bedeuten

Schauen Sie sich jedes einzelne Ding in Ihrer Umgebung an: Welches Ding bedeutet Ihnen wirklich etwas? Woran hängen Sie ganz besonders? Oder worauf könnten Sie verzichten?

Für den einen ist es Gerümpel, für den anderen ist dasselbe Teil eine kostbare Rarität. Der Schreibtisch des Seniorchefs ist zunächst einmal nur ein funktionales Möbelstück mit einem bestimmten Gebrauchswert. Aber auch schon damals, als er gebaut wurde, wurde der Tisch zu Repräsentationszwecken getischlert, denn er ist nicht ein normaler Schreibtisch, sondern eben der Schreibtisch des Chefs. Dieser Tisch stand zumindest auch für einen gewissen gesellschaftlichen Status.

Für den momentanen Juniorchef mag dieses Möbelstück über die reine Funktion hinaus auch noch einen anderen Wert, einen Erinnerungswert haben – vorausgesetzt, seine Beziehung zum Seniorchef ist eine positive. Falls es ihm gefällt, kann er also durchaus auch an diesem Tisch arbeiten. Falls er mit diesem Möbel allerdings negative Gefühle verbindet, wäre der Tisch Ballast für ihn und würde ihn in seiner beruflichen Tätigkeit behindern. Sollte er sich von diesem Tisch trennen und ihn in den Keller verbannen, weil er ihm keine Bedeutung beimisst, so wird der einstmals prächtige Schreibtisch zum Gerümpel absteigen.

Die Dinge, die unser Leben begleiten, können zu unterschiedlichen Zeiten unterschiedliche Funktionen erfüllen. Sie können Statussymbole, Gebrauchsgegenstände, Kult- oder Erinnerungsobjekte sein und doch plötzlich zu Gerümpel werden. Oder man entdeckt die Dinge vergraben unter der Erde oder im Müll, gräbt sie aus, und so werden sie zu kostbaren Fundstücken. Was vor Jahrtausenden ein einfacher Trinkbecher war, steht heute im Museum und hat unschätzbaren Wert. Die Dinge haben aber auch in Abhängigkeit von der gesellschaftlichen oder kulturellen Umgebung einen unterschiedlichen Wert. Teure Turnschuhe einer angesagten Marke, die dem Jugendlichen in seinen Kreisen eine bestimmte Anerkennung sichern, sind, im Urlaub in den Weiten Afrikas getragen, als Statussymbol vollkommen ungeeignet. Dort haben sie nur noch reinen Gebrauchswert – oder auch keinen. Die dort lebenden Menschen haben ihre eigenen, uns wiederum vollkommen unbekannten Statussymbole.

Der Nutzer weist den Dingen also ihre Bedeutung zu: Für den einen, der ihn sich finanziell leisten kann, mag ein teurer Sportwagen Gebrauchsobjekt sein und ein unverzichtbarer Bestandteil seines Lebens. Für den anderen ist er Luxus und durchaus verzichtbar. Während für manchen ein Auto Fetisch oder Partnerersatz ist, ist es für den anderen ein Haufen Blech mit der Funktion, sie von A nach B zu bringen. Für den einen ist ein beschriebenes Blatt Papier schon Müll, für den anderen lässt es sich noch einmal umdrehen und von der Rückseite beschreiben. Der Umgang mit den Dingen hängt also von verschiedenen Faktoren ab:

- vom gesellschaftlichen und kulturellen Zusammenhang
- von der momentanen Nutzung
  (einst Kinderspielzeug, jetzt Sammlerobjekt)
- von der individuellen Bedeutung, die der jeweilige Nutzer festlegt

Die Funktion der Dinge

Im täglichen Kontakt führt der unterschiedliche Umgang der Personen mit der Dingwelt zum Konflikt. In einer Bürogemeinschaft möchte man an einem Kollegen, der kein Blatt Papier wegwirft und alles stapelt, verzweifeln. Er wiederum kritisiert die »Wegwerfgesellschaft«. Wenn man sich mit der Frage beschäftigt, warum manche Menschen sich leicht, andere sehr schwer von den Dingen trennen, warum der eine alles sammelt und der andere schnell wegwerfen kann, muss man sich zunächst einmal ansehen, was die Dinge den betreffenden Menschen überhaupt bedeuten.

Unser Verhältnis zu den Dingen ist, genau wie unser Verhältnis zu Menschen, an Emotionen gebunden. Manche Dinge ziehen uns, vielleicht sogar magisch, an, andere stoßen uns ab, und ein Großteil lässt uns völlig kalt. Wir berühren die Gegenstände mit unseren Augen, unseren Händen, und sie berühren uns, etwas in uns. Wir treten in Räume und fühlen uns geborgen oder fremd. Wir ziehen ein Kleidungsstück an und fühlen uns darin wohl oder unwohl.

Der Gebrauchswert

Ob die Dinge tatsächlich Gebrauchsgegenstände oder aber im erweiterten Sinne Status-, Erinnerungs- oder Erlebnisobjekte sind, ist zunächst einmal sekundär. Wir umgeben uns mit ihnen, und jeder von uns glaubt, das, was er besitzt, auch tatsächlich zu brauchen. Warum hätten wir es denn sonst angeschafft und Geld dafür ausgegeben? Alle Dinge haben also irgendeine Funktion, selbst Fetisch- und Symbolobjekte. Diese besitzen einen so genannten erweiterten, emotionalen Gebrauchswert.

Zum Überleben in der heutigen Zeit braucht der Mensch eher ein Auto als Pfeil und Bogen. Über den reinen Gebrauchswert hinaus ist das Auto aber für viele zusätzlich auch Partner(ersatz). Das Auto wird personifiziert, bekommt einen Namen, manchmal wird es sogar kirchlich gesegnet. Es nimmt, zumindest in unserer westlichen Gesellschaft, einen hohen Stellenwert ein und zeigt nach außen, wer wir sind und was wir uns leisten können. Mit kaum einem anderen Ding unserer näheren Umgebung werden wir so sehr identifiziert. »Sag mir, welches Auto du fährst, und ich sage dir, wer du bist (oder gern wärest).« Das Auto ist Image, Teil der Selbstdarstellung eines Menschen und Teil der Außendarstellung eines Unternehmens. Das falsche Auto zu fahren kann sich in bestimmten wirtschaftlichen Kreisen sogar negativ auf die Kundenakquisition auswirken.

Repräsentation und Statussymbol

Wir schaffen uns manche Dinge nicht nur wegen ihres Gebrauchswerts an, sondern auch aufgrund des Zugehörigkeitsgefühls, das sie auslösen. Durch den Besitz einer Golfausrüstung zeigen wir, dass wir uns zu einer bestimmten sozialen Gruppe zählen. Das Tragen bestimmter Marken ist nicht nur bei Jugendlichen ausschlaggebend für die Akzeptanz in der Gruppe. Eine Armbanduhr zeigt die Zeit an, eine Rolex noch viel mehr. Auch in der Auswahl unserer Einrichtungsgegenstände spielt Status eine Rolle. Büros, die mit Designermobiliar eingerichtet sind, unterscheiden sich nicht nur in der Optik von anderen.

Wir geben uns in unserem täglichen Leben viel Mühe, nicht das zu tun, was die Masse tut, und auch nicht das zu kaufen, was es überall gibt. Wir möchten uns von bestimmten Menschen und Gruppen abgrenzen, uns unterscheiden, etwas Besonderes sein. Eine solche Distinktion steht hinter vielen Käufen, die nicht unbedingt lebensnotwendig sind.

Erinnerungen schreiben Geschichte

Andere Dinge repräsentieren Werte, die weniger finanzieller als vielmehr persönlicher Art sind. Mit bestimmten Fotos verbinden wir vielleicht Erlebnisse und Begegnungen mit Personen. Ein Erbstück, wie beispielsweise der Füller des Großvaters, kann eine Geschichte erzählen, wird zu einem wichtigen Objekt einer gelebten Zeit. Gegenstände wichtiger Personen, die man als Geschenk oder durch Kauf in seinen Besitz gebracht hat, können zur »Überhöhung«, das heißt Aufwertung der eigenen Person, beitragen.

Plüsch streichelt die Seele

Wir erwerben manche Dinge, weil wir uns beim Kauf oder danach einfach »wohl« fühlen. Durch den Oldtimer-Kauf empfindet man wieder, wie man als Kind sich das Erwachsensein vorgestellt hat. Wir erfüllen uns kindliche Fantasien, indem wir beispielsweise Zuckerwatte essen oder uns ein Plüschtier kaufen. Alles Weiche, Runde, Knuffige bringt uns unsere Kindheit zurück. Die Industrie hat diesen Trend längst erkannt: Die Autokarosserien werden runder, Möbel ebenfalls. Runde Formen sind identisch mit Geborgenheit, Sehnsucht nach Wärme, nach einem »Nest«. Das Zurückfallen erwachsener Menschen in ihre Kindheitsträume, in der Psychologie Regression genannt, erkennt man an kindlichen Accessoires wie Plüschtieren. Ein Großteil davon wird heute nachweislich von Erwachsenen für Erwachsene gekauft. Dieser Trend zur Regression wirkt im Berufsleben allerdings weniger »putzig«. Eine Plüschtiersammlung auf dem Regal steht nicht gerade im Einklang mit professioneller Unternehmensführung und Fachkompetenz.

Trophäen verleihen Kraft

Die Tendenz, Büro- oder Arbeitsräume »gemütlich« zu gestalten, führt oft dazu, dass Dinge aus der häuslichen Umgebung oder aus anderen Zusammenhängen mitgebracht werden. Eine Sporttrophäe passt nicht unbedingt ins Büro. Sie kann aber die Kompetenz ihres Besitzers auf einem anderen Gebiet unterstreichen. Sobald die fachliche Kompetenz jedoch zu kurz kommt, wirken solche Pokale eher lächerlich. Von ihrer Definition her gehören sie zu den Fetischen oder Talismanen, Objekten also, denen übermenschliche Kraft innewohnt. Auch wenn Sie glauben, von diesen Dingen ganz frei zu sein, findet sich in Ihren Räumen sicher doch irgendwo ein solches Objekt. Vielleicht ist es das Urlaubsfoto, selbst aufgenommen und an die Wand gehängt. Diese »Beute« ähnelt dem Geweih an der Wand eines von Ihnen selbst erlegten Tieres. Es zeigt Ihre Kraft und Macht und enthält somit eine »magische« Aufladung.

Symbole stärken

Bewusst oder unbewusst umgeben wir uns mit Symbolen, die ebenfalls für eine gewisse Energie oder ein bestimmtes Wissen stehen können. In ihnen ist sozusagen systemimmanent eine Kraft gespeichert, die nach außen hin wirkt. Alle Dinge, die uns umgeben, haben ihre eigene Schwingung. Symbole können positiv wie negativ schwingen. Objekte oder Abbildungen, die Herzen zeigen, stehen für Liebe, Tatkraft und partnerschaftliches Glück. Spiralen verkörpern die unendlichen aufbauenden Kräfte des Lebens.

Im Geschäftsbereich sollte man Symbole, wenn überhaupt, nur sehr vorsichtig einsetzen. Sie entfalten ihre Wirkung, auch wenn man nicht an sie glaubt. Oft sind Symbole in Kunst oder Bildern, aber auch in den Objekten »versteckt«, sodass man sie gar nicht bewusst wahrnimmt. Auch hier ist eine Betrachtung aus der Distanz vonnöten, um die Anwesenheit von Symbolen überhaupt erst zu realisieren.

Dinge erzeugen Gefühle

An welchen Dingen wir emotional hängen, hat mit gutem Design, Schönheit oder Hässlichkeit nur am Rande zu tun. Auf die Frage, welchen Gegenstand man bei einem Wohnungsbrand am ehesten retten würde, antwortet keiner: »Meinen Kaffeeautomaten einer bekannten deutschen Firma« oder »den Wasserkessel eines italienischen Herstellers«. Bei einem Bürobrand würde man sicher als Erstes an Informationen denken, sich wichtige Akten oder die Sicherungsdisketten greifen.

Aber diese Dinge wiederum lösen nicht unbedingt Gefühle in uns aus, sie lassen uns eher kalt. Der Mensch reagiert auf Personen wie auch Dinge auf einer physiologischen und psychologischen Ebene. Wir mögen sie oder wir lehnen sie ab. Gefühle hängen eng mit dem vegetativen Nervensystem zusammen und erzeugen physiologische Veränderungen der Puls- und Atemfrequenz. Dieses subjektive Erleben einer Erregung, also Spannung auf der einen Seite und Beruhigung oder Entspannung auf der anderen, wird mehr oder minder deutlich als Lust oder Unlust interpretiert.

Zwischen Lust und Unlust

Da der Mensch zunächst einmal ein recht träges Wesen ist, vermeidet er alles, was in die Kategorie »Unlust« fallen könnte. Wir vermeiden Streit, wir vermeiden Konflikte und Aussprache, wenn diese Situationen uns Stress bereiten könnten. Dinge oder Situationen, die Gefühle aus der Kategorie »Lust« in uns auslösen, suchen wir dagegen.

Dabei verhält sich der Mensch oft sehr kurzsichtig, denn gewisse Situationen bedürfen der Überwindung der Unlust, um einen Lustgewinn zu erlangen: Bevor man seinen Arbeitsplatz nicht aufgeräumt hat, kann man sich nicht wohl fühlen, bevor nichts Altes weggeworfen wurde, kann nichts Neues nachkommen. Das Entrümpeln ist eine der Situationen, in der zunächst die Unlust überwunden werden muss, um zur Lust zu kommen. Vor die Freude wurde eben die Arbeit gesetzt!

Mehr oder weniger alle menschlichen Gefühle bewegen sich in dieser Polarität zwischen Lust und Frust beziehungsweise Unlust.

Aber auch unser Verhältnis zu den Dingen schwankt zwischen Polen:

Lust und Frust
Liebe und Hass
Schmerzvermeidung und Schmerz
Vertrautheit und Unvertrautes
Freude und Leid
Beruhigung, Ruhe und Ärger, Frust, Wut
Gewohntes und Ungewohntes
Macht und Ohnmacht
Kontrolle und Kontrollverlust
Stolz und Scham

Der Frustfaktor

Produkte, bei denen der Gebrauchswert im Vordergrund steht, müssen in erster Linie auch funktionieren. Ein Faxgerät muss faxen, ein Drucker drucken. Das kann man erwarten. Wenn die Geräte das nicht tun, ärgern sie uns. Befinden sich in Ihrem Büro auch Geräte, die Sie zur Weißglut treiben? Der Trafo einer Schreibtischleuchte, der in schöner Unregelmäßigkeit zu brummen anfängt? Er erzeugt Ärger, vielleicht sogar Wut. Ein schnurloses Telefon, dessen Akku ständig piept, weil man ihn zu kurz oder zu lange aufgeladen hat? Das nervt auf Dauer.

Heutzutage kann man sich beim Kauf eines neuen Telefons nicht mehr auf bereits gemachte Erfahrungen verlassen. Ein scheinbar gewohntes Gerät wird zu einem vollkommen ungewohnten Gegenstand. Jeder von uns kann telefonieren, aber jedes Mal müssen wir wieder eine neue Gebrauchsanleitung durcharbeiten, ehe wir das neue Gerät bedienen können. Der Mensch aber will so schnell wie möglich »ran ans Produkt«. Dass man heutzutage kaum mehr seinen Anrufbeantworter ohne schriftliche Anleitung »beherrscht«, führt zu Frust und einem Gefühl der Ohnmacht. Untersuchungen zeigen, dass beim Kunden daraus eine negative Einstellung entsteht. In Zukunft verzichtet er vielleicht ganz auf Produkte dieser Marke.

Funktioniert ein Gerät und beherrschen wir es, so führt das zu Erfolgserlebnissen und somit zu positiven Gefühlen. Wir fühlen uns stark und mächtig! Wir sind stolz darauf, kompetente »Profis« zu sein. Funktioniert es allerdings nicht, so fühlen wir uns klein und mickrig. Oder kommen uns vor wie ein Idiot! Teure Geräte, die, kaum gekauft, schon wieder kaputt sind, machen uns zu Recht wütend. Man kauft heute das Gerümpel von morgen. Billige Unterhaltungselektronik ist nun einmal auf Kurzlebigkeit ausgelegt.

Darum bedeutet Gerümpel zu vermeiden, als Erstes auf Qualität schon beim Kauf zu achten. Teure Produkte müssen nicht zwangsläufig besser sein als billige, aber die billigen sind in ihrer Mehrzahl garantiert nicht den teuren an Qualität überlegen. In manchen Produkten ist der Verschleiß schon mit eingebaut. Achten Sie beim Kauf darauf, ob sich Verschleißteile austauschen lassen und das Gerät überhaupt repariert werden kann.

Anderes lässt uns kalt

Zwischen den Dingen, an denen unser Herz hängt, und denen, die wir hassen, rangiert der Großteil der Produkte des täglichen Lebens, die uns weniger emotional berühren. Wir bleiben gleichgültig gegenüber den Dingen, für die wir ungern unser Geld ausgeben. Eine neue Kassenanlage oder ein neuer Aktenvernichter lassen uns eher kalt. Oder haben Sie eine intensive Beziehung zu Ihrem Kopierer oder Ihrer Kaffeemaschine? Falls ja, sollten Sie sich darüber klar werden, dass Ihre teure italienische Espressomaschine Ihnen offenbar jenseits des Gebrauchswerts auch als Statussymbol »lieb und teuer« ist.

Der Lustfaktor

Andere Dinge wiederum ziehen uns an, manche sogar magisch. Wenn wir sie nicht kaufen können, so gehen wir beispielsweise ins Museum oder zu Automessen, um sie aus der Nähe betrachten zu können. Hier dürfen wir den Maserati dennoch bewundern und vielleicht sogar einmal berühren. Manche Dinge besitzen eine große Anziehungskraft; das mag an ihrer Auffälligkeit liegen. Andere strahlen durch ihre formale Schlichtheit ein großes Maß an Würde aus, das uns anzieht.

In diese Dinge kann man sich, wie in einen Menschen, regelrecht verlieben. Man wird von ihnen verführt, begehrt sie und möchte sie besitzen, es kommt sozusagen Erotik ins Spiel! Erotik spricht man im Allgemeinen allen runden Formen zu, die zum »Streicheln« einladen: den Rundungen einer Karosserie ebenso wie denen eines Ledersessels. Dass sich Menschen eher zu weichen, rundlichen Gegenständen hingezogen fühlen, hat etwas mit deren haptischen Eigenschaften zu tun. Wir berühren sie lieber, da sie sich einfach besser anfühlen als kantige, spitze Dinge.

Die Lebensdauer eines Produkts hängt unter anderem von der Intensität der Beziehung ab, die der Mensch zu ihm aufbauen kann. Wenn wir keine positive Beziehung zu einem Gegenstand haben, dann vernachlässigen wir ihn. Wir pflegen ihn selten oder gar nicht, schenken ihm keine Beachtung, und so wird er zum Gerümpel von morgen. Die Dinge, Werkzeuge und Gegenstände, die wir tagtäglich in die Hand nehmen (müssen), sollten uns unbedingt gefallen, wir sollten sie gern anfassen. Die Lust, mit einem Teil zu arbeiten, hängt zunächst einmal von der Qualität des Produkts ab. Wenn die nicht stimmt, wenn ich tagtäglich mit einem kratzigen, nicht gut in der Hand liegenden Stift schreiben soll, wenn die PC-Tastatur wackelt und mein Stuhl quietscht, dann macht mir das alles keine Freude. Eine negative Beziehung zum Werkzeug hat eine negative Einstellung zur Arbeit zur Folge! Gute emotionale Beziehungen zu den Dingen wiederum fördert die Identifikation der Angestellten mit ihrem Unternehmen.

Man arbeitet auch lieber mit Dingen, die »wertvoll« erscheinen. Diese werden erfahrungsgemäß besser gepflegt und liebevoller gehegt. Einen teuren Füller verlegt man lange nicht so schnell wie einen Einwegkuli. Einen billigen, schlecht funktionierenden Regenschirm vergisst man eher unterwegs als einen, der eine gewisse Qualität und damit einen entsprechenden Wert besitzt. Die Beziehung, die der Mensch zu den Gebrauchsgegenständen des Alltags aufbauen kann, hängt nicht zuletzt von ihrem Wert gepaart mit ihrer Qualität ab.

Ein anderer Faktor ist die Zeit. Je länger die positive Beziehung zu einem geliebten Teil anhält, desto tiefer und intensiver kann sie werden. Die Dinge, mit denen sich positive Erinnerungen verbinden, erfahren auch mehr Wertschätzung. Die Aktentaschen, die die gesamte Karriere begleitet haben, sind Legende. Sie haben schon einiges mitgemacht, sind zusammen mit dem Besitzer durch dick und dünn gegangen. Diese Geschichte können sie allein durch ihre Anwesenheit immer wieder erzählen.

Eine andere Voraussetzung dafür, dass Produkte lange leben, ist ihr großer Reiz. Sie sollen anregen und nicht langweilen, denn der Mensch als Reizempfänger ist von Natur aus neugierig. Computer gehören zu solchen Objekten. Sie sprechen darüber hinaus den menschlichen Spieltrieb an. Ist man daran gewöhnt und die Erregung wie auch der Reiz abgeflacht, so tritt Langeweile ein. Gewohntes und Bekanntes wird auf Dauer eintönig und demotivierend.

Alte Dinge, die keinen Reiz mehr haben, landen früher oder später auf dem Müll. Sie sind zur Kurzlebigkeit verdammt, auch wenn sie qualitativ hochwertig sind und fast nicht kaputtgehen können. Sie fallen früher oder später in unserer Achtung, und das bedeutet ihr Aus. Darum müssen die Produkte so gestaltet sein, dass sie nicht nur außergewöhnlich gut benutzbar, sondern auch außerordentlich attraktiv sind. Die Japaner haben das längst erkannt und im Design den Begriff »Tokemechi« geprägt, was so viel wie »Herzklopfen« bedeutet.

- Auf Personen wie auf Dinge reagiert der Mensch auf einer physiologischen und psychologischen Ebene.
- Mehr oder weniger alle menschlichen Gefühle bewegen sich in dieser Polarität zwischen Lust und Frust.
- Die Produkte, die unser Leben begleiten, können zu unterschiedlichen Zeiten unterschiedliche Bedeutungen haben.
- Unser Verhältnis zu den Dingen ist, genau wie unser Verhältnis zu Menschen, an Emotionen gebunden. Manche Dinge ziehen uns vielleicht sogar magisch an, andere stoßen uns ab, und ein Großteil lässt uns völlig kalt.
- Langlebige Produkte müssen so gestaltet sein, dass sie nicht nur außergewöhnlich gut funktionieren, sondern auch außerordentlich attraktiv sind.

10. Von Jägern und Sammlern

Sind Sie eher ein Wegwerfer oder ein Sammler? Wovon können Sie sich ganz schlecht trennen? Horten Sie bestimmte Dinge für schlechte Zeiten?

Dinge und Besitztümer anzuhäufen entspringt zunächst einmal unserem menschlichen Trieb, Nahrung zu sichern, indem man Vorräte anlegt. Seitdem wir sesshaft wurden und nicht mehr als Jäger und Sammler durch die Lande ziehen, brauchen wir zum Überleben einen gewissen Vorrat für schlechte Zeiten. Doch mit diesem instinktiven Erhaltungstrieb ist unser heutiger »Trieb«, alles aufheben zu wollen und nichts wegwerfen zu können, nicht hinreichend erklärt.

Um es vorwegzunehmen: Die Tendenz, sich privat wie auch beruflich von den Dingen leicht oder schwer trennen zu können, hängt nicht unmittelbar von Alter, Geschlecht, Erziehung oder finanziellen Möglichkeiten ab. Auch die persönlichen Erfahrungen sind hier nicht ausschließlich bestimmend. Wer einmal Zeiten der Not erlebt hat, kann daraus nämlich zwei ganz gegensätzliche Schlussfolgerungen ziehen: »Man kann alles irgendwann noch mal brauchen« oder »Eigentlich kommt man mit ganz wenig aus«. Ob man Sammler, Horter, Wegwerfer oder ein Mischtyp ist, hängt von vielen Faktoren ab.

Nichts loslassen zu können ist mit Suchtverhalten zu vergleichen. Manch einer hängt an ganzen Zeitschriftenjahrgängen und stapelt sie über Jahre hinweg, während der andere die Magazine wöchentlich entsorgt. Der eine braucht sein Gerümpel, der andere seine Zigaretten. Die wahren Ursachen ergründen zu wollen würde in eine Therapie führen. Diese wäre aber für die Veränderung der eigenen Verhaltensweise zu langfristig: Denn wer im Müll zu ersticken droht, der kann nicht Jahre auf den therapeutischen Erfolg warten. Er muss sich erkennen, akzeptieren und rasch Strategien aus dem Chaos finden. Jeder Mensch kann sich täglich von neuem selbst entscheiden, ob er so weiterleben oder an seiner Situation etwas verändern will.

Wenn jemand sich schlecht von seinem Gerümpel trennen kann, heißt es noch lange nicht, dass er darin ein Problem sieht. Für ihn ist es normal, dass alles herumliegt, er keinen Platz hat und ständig am Suchen ist. Die Probleme mit ihm haben die anderen! Die Lebenspartner oder Kollegen, die mit ihm zusammenleben oder auch »nur« zusammenarbeiten müssen, leiden nämlich darunter. Unordentlich und chaotisch sind nämlich meistens die anderen. Dazu müssen wir allerdings wissen, dass uns Unordnung, von anderen produziert, weit mehr stört als unsere eigene. es ist so ähnlich wie mit dem Lärm: Wir empfinden ihn nur als störend, wenn er von anderen kommt.

Aber es ist nun einmal Fakt: Jeder Mensch ist anders und geht mit diesen Dingen anders um. Das zu erkennen und zu akzeptieren bedeutet schon weniger Stress. Im alltäglichen Umgang am Arbeitsplatz sollte man sich auf bestimmte »Ordnungsnormen« einigen, denn ansonsten arbeitet man unproduktiv. Die eigene Unordnung kann man zwar zu Hause ausleben, sie aber den Kollegen zuzumuten ist mehr als unhöflich.

Der Sammler kontrolliert die Dinge

Ein Mensch, der auf die Frage, was er denn sammle, mit »Alles« antwortet, ist kein Sammler, sondern ein Horter. Ein Sammler begrenzt sein Interesse auf ein Gebiet oder auf ein Thema: Lokomotiven von Modelleisenbahnen beispielsweise oder alles, was zur Eisenbahn gehört.

Der Sammler beherrscht seine Umwelt: Er gruppiert die Dinge thematisch oder ordnet sie zeitlich. Ordentliche Sammler katalogisieren und pflegen ihre Sammlung. Hier sind Gegenstände Objekte der Begierde. Die Dinge bedeuten mehr als das, was sie sind, sie stehen für Kompetenz oder Projektion. Für sie wird Zeit investiert und Geld ausgegeben. Welche Dinge auch immer gesammelt werden, ob seltene Blechschilder oder wertvolles Porzellan: Der Gegenstand wird aus seinem normalen Zusammenhang gerissen, das Schild von der Hauswand landet plötzlich im Wohnzimmer und wird zum Objekt der Sammelleidenschaft. Die Streichholzschachtel wird nicht mehr benutzt, sondern in eine Sammlung eingereiht. Was gesammelt wird, ist dabei nebensächlich, die Dinge sind austauschbar. Wichtig ist, so viel wie möglich von möglichst Rarem. Denn Sammlungen sind zum einen gekennzeichnet durch Exklusivität und zum anderen durch die »Serie«, durch die Aneinanderreihung. Ein einziges Objekt macht noch keine Sammlung aus.

Sammlungen spielen in geschäftlichen Zusammenhängen kaum eine Rolle. Aber in der Arbeitsweise eines ordentlichen Sammlers kann sich seine Sammelleidenschaft zeigen: Alles hat eine Ordnung, die Akten sind sauber beschriftet, stehen in Reih und Glied nebeneinander, man findet, was man sucht. Die Dinge klar zu gliedern kann Ausdruck dieses Typs sein. Was er zu Hause an Platz für seine Sammlung braucht und sich dort vielleicht in einem Zuviel an Schränken ausdrückt, muss sich im Büro nicht unbedingt wiederholen. Dort kann er durchaus in leeren Räumen arbeiten. Er kann nach außen hin als »penibler Arbeiter« in Erscheinung treten und dennoch eine Vielfalt an Dingen besitzen. Diese müssen nicht unbedingt ausgestellt, sondern könnten auch in Schränken untergebracht sein. Die nicht mehr gebrauchten Akten hat er vielleicht längst ins Archiv verlagert, denn seine Stärke ist, zu unterscheiden zwischen dem, was wichtig und »wertvoll« für die Sammlung ist, und dem Rest, der weg kann.

Der unordentliche Sammler dagegen, der seine Briefmarken unsortiert in Kisten verstaut und sie zu katalogisieren plant, falls er in ferner Zukunft mal Zeit dazu hat, sammelt ohne Struktur. Er rafft »alles Mögliche« zusammen, weil er sich vielleicht nicht entscheiden kann. Und im Gegensatz zum ordentlichen Sammler kommt er auch nicht dazu, seine Sammlung zu gliedern. Das sind die Chaoten unter den Sammlern, die auch im Alltag nicht unbedingt zu den ordentlichsten Menschen gehören. Hier dominiert die Entscheidungsunsicherheit. Generell können hinter dem Sammeltrieb Verlustangst und die Sehnsucht nach Sicherheit stehen. Auf unsichere Menschen scheinen Sammlungen also eine beruhigende Wirkung zu haben.

Der Horter braucht alles »irgendwann nochmal«

Wenn Sie mit Kollegen dieses Typs zusammenarbeiten müssen und vielleicht selbst eher zu den Wegwerfern zählen, dann haben Sie ein echtes Problem! Von solchen Menschen können Sie keinerlei Hilfe bei der Entsorgung ausgedienter Dinge erwarten. Sie heben alles auf und drehen jedes Blatt Papier noch einmal um. Selbst benutzte, leere Briefumschläge werden aufgehoben. Werbeprospekte stapeln sich, da das teure Papier ja zu schade zum Wegwerfen ist. Wenn ihnen der Platz im eigenen Büro ausgeht, greifen sie auf andere Räume über. Sie bringen es fertig und holen die bereits weggeworfenen Dinge wieder aus den Müllsäcken heraus: »Das kann man doch noch gebrauchen.« Fragt sich nur, wann.

Welch ein Graus für die Kollegen! Horter brauchen Platz und nehmen ihn sich auch einfach. Kein Wunder, dass ihnen irgendwann alles buchstäblich »über den Kopf« wächst. Größere Räume bringen hier keine Hilfe, denn auch hier stoßen sie früher oder später an Grenzen. Entscheidungen zu treffen scheint nicht gerade die Stärke der Horter zu sein, denn ansonsten könnten sie auch in ihrer Umgebung zwischen den wichtigen und den unwichtigen Dingen differenzieren. Damit ein Unternehmen nicht im Chaos endet, brauchen diese Mitarbeiter daher klare Anweisungen.

Menschen dieses Typs genießen es, manchmal allein deshalb »gebraucht« zu werden, weil sie offenbar alles haben. Fehlt irgendwo ein Gummiring, so fragt man erst einmal den hortenden Kollegen. Und dieser fühlt sich bestätigt – ob er das Teil nun hat oder nicht. Er genießt es, scheinbar »gefragt zu sein«. Vielleicht hat er Angst, dass seine Freunde ausbleiben, wenn bei ihm »nichts mehr zu holen« ist?

Der Wegwerfer mag es leicht

Klarheit und Ordnung in einem Raum sind am ehesten dann zu erreichen, wenn möglichst wenige Dinge herumstehen oder -liegen und kein Gerümpel vorhanden ist. Das setzt voraus, dass der Prozess des Wegwerfens ständig im Gang ist. Im Unternehmen sind Entscheidungsfähigkeit und Überblick dafür notwendig: Brauche ich diesen Werbeprospekt noch einmal oder kann er weg? Wie wichtig sind diese Unterlagen? Braucht sie eventuell noch jemand anders? Hier sind hohe Kompetenz und vor allem auch übergeordnete Vorgaben und Absprachen erforderlich. Wenn in einem Unternehmen klar ist, wer was tut und wofür zuständig ist, dann zeigt sich das auch in einem klaren Äußeren. Das Wegwerfen kann man trainieren, aber diejenigen, die von Haus aus diese Tendenz mitbringen, haben die wenigsten Probleme mit Altlasten.

Dieser Typ hat im Allgemeinen ein starkes Selbstbewusstsein. Er ist nicht leicht zu verunsichern, wenn er nicht alles besitzt, denn er weiß, wo er es wieder her bekommt, falls er es später wieder einmal braucht. Die Kompetenz, die in einer immer komplizierter werdenden Informationsgesellschaft gefragt ist, ist zu wissen, wo was zu finden ist, oder jemanden zu kennen, der die Information besitzt. Die Verwaltung von Information selbst wird zu einer neuen Dienstleistung. Mit dem Ziel, alles zu haben und alles zu wissen, überfordert sich der Mensch. Das »Zuviel« ist belastend, wie der »Wegwerfer« weiß.

Der »kleine« Unterschied

»Wenn mein Mann nicht alles aufheben würde« oder »wenn meine Frau nicht diesen Krempel sammeln würde« – dann wäre die Welt anscheinend in Ordnung! Bezogen auf den Umgang mit Gerümpel gibt es keine typisch weiblichen oder typisch männlichen Verhaltensweisen. Manch eine ist ordentlicher als manch einer, manch einer sammelt und manch eine wirft weg.

Die Frage, ob es männliches und weibliches Gerümpel gibt, ist eindeutig zu verneinen, während in der Art und Weise, wie Büros oder andere Arbeitsräume eingerichtet werden, der geschlechtsspezifische Unterschied ganz deutlich zu Tage tritt.

Frauen legen mehr Wert auf ihre eigene »persönliche Note« am Arbeitsplatz und dekorieren diesen eher mit Dingen aus dem privaten

Zusammenhang. Eine gute Atmosphäre und schöne Gestaltung ist ihnen wichtig.

Männer legen an ihrem Arbeitsplatz eher Wert auf Funktionalität und den neuesten Stand der Technik. Sie umgeben sich eher mit Objekten, die ihre Professionalität unterstreichen.

Verschiedene Ordnungstypen

Das Chaos kann sichtbar wie auch unsichtbar sein: nach außen hin versteckt und aufgeräumt. Ob die Menschen sammeln und was sie sammeln, hat noch lange nichts damit zu tun, wie sie es tun und wie es in ihren Räumen aussieht. Der eine hortet alles fein säuberlich in Schränken und sein Büro erscheint aufgeräumt und ordentlich. Der andere Horter hat alles draußen herumstehen. Der eine Wegwerfer besitzt kaum etwas, beim anderen ist das ganze Besitztum überall in der Wohnung verteilt.

Sammlertypen und Ordnungstypen haben also nicht unbedingt etwas miteinander zu tun. Diese beiden Typen können in ein und derselben Person vereint sein und äußern sich durch die Art und Weise der Einrichtung am Arbeitsplatz und die sichtbaren Strukturen von Ordnung. Gerade wenn man mit einem Menschen eine Partnerschaft, egal ob beruflich oder privat, eingehen möchte, ist es hilfreich ihn auch von dieser Seite her zu kennen. Trifft ein Sammler auf einen Wegwerfer, so bekommt der Letztere früher oder später Stress. Ist der Sammler allerdings selbst penibel, so wird es wahrscheinlich weniger Reibungspunkte geben.

Der moderne Nomade

Der moderne Büromensch kann mit wenigen Mitteln sein Unternehmen leiten. Er braucht so gut wie nichts: Das gesamte Büro passt in ein Laptop, und um die Kommunikation abzurunden, braucht er nur noch ein Handy. Mit weniger als drei Kilogramm »Hardware« lassen sich im Grunde Weltkonzerne führen, Bücher schreiben und publizieren sowie Millionen bewegen.

Wenn man der Fachpresse glauben will, so ist das Büro der Zukunft flexibel und mobil. Entweder man arbeitet von zu Hause aus oder trägt sein Büro ständig bei sich. Der Vorteil ist zweifellos das fehlende Gerümpel: Es lagert im Computer, und nur dort muss der Papierkorb entsorgt werden, da ansonsten der Speicher irgendwann an seine Grenzen stößt. Das klassische Büro mit Akten und Papierbergen würde im Vergleich dazu nur unnötig belasten.

Und noch etwas spricht für dieses Büro: Es spart Miete und ist überall sofort einsatzfähig –im Zug genauso wie im Hotelzimmer. Teile dieses Buches sind im Zug und während eines Skiurlaubs im Hotelzimmer entstanden. Draußen schneite es, an Skifahren war nicht zu denken – und die Aussicht auf Berge und Schnee war traumhaft!

Das Nomadenbüro hat nur einen Haken: Es ist ein Zusatz und wird das stationäre Büro nur ergänzen, in den wenigsten Fällen ganz ersetzen. Denn irgendwo müssen noch Ordner mit den Steuerbescheiden und Kontoauszügen und andere wichtige Unterlagen wie archivierte Baupläne und Ähnliches lagern. Und wie alle menschlichen Erfindungen bisher gezeigt haben, macht das eine Medium das andere nicht überflüssig. Durch Handys haben sich die konventionellen Telefone nicht überlebt, Laptops ersetzen keine PCs. Ganz im Gegenteil: Sie kommen zusätzlich hinzu!

Der strukturierte Gewissenhafte

Selten genug, aber es gibt sie: Fast leere Büros, die nur mit dem Nötigsten ausgestattet sind. Die Bücher in den Regalen stehen kerzengerade da, auf den Fensterbrettern liegt nichts herum, der Schreibtisch ist so gut wie leer. Würde da nicht jemand am Schreibtisch sitzen, so bekäme man den Eindruck, dass der Mitarbeiter verreist oder seit Wochen krank ist! Fast klinisch ist hier die Atmosphäre, es »stört« kein herumstehendes Gerümpel. Falls sich Akten stapeln, so stapeln sie sich ordentlich.

Hier zeigen sich keine persönlichen Spuren, kein privates Bild an der Wand, keinerlei schmückendes Beiwerk. Dieser Raum ist ausschließlich zum Arbeiten da. Und alles, was nicht unmittelbar zum Inhalt der Arbeit gehört, hat dort nichts verloren. Ein Büro hat für solche fleißigen Bienen nicht »schön« oder gar »gemütlich« zu sein, denn die Arbeit ist Pflicht und kein Spaß! Derart gestaltete Räumlichkeiten vermitteln die Geisteshaltung des »Dienstes nach Vorschrift« und zeugen nicht gerade von einer Identifikation mit dem Unternehmen. Allerdings finden sich dort auch keine Blockaden in Form von Gerümpel. Immerhin, die Voraussetzungen, dass die Energien fließen könnten, wären also theoretisch gegeben.

Das kreative Genie

Herumstehende Kartons neben und auf den Schränken, Stapel von Papier auf jeder horizontalen Fläche, bunt verstreute Bücher und Prospekte und vor allem kein freies Fleckchen sind charakteristisch für das chaotische Büro. Ob die hier arbeitende Person kreativer ist als andere, ist allerdings die Frage. Als Vorbild für unordentliche Mitarbeiter kann man ein Chefbüro dieser Art jedenfalls nicht gebrauchen. Darin ist neben Arbeiten vor allem Suchen angesagt.

Und siehe da: Hier fühlen sich manche unordentlichen Sammler und Horter genauso wohl wie manche Wegwerfer. Denn dass einer ständig wegwirft, heißt noch lange nicht, dass er in der Lage ist, Ordnung zu halten! Selbst ein Minimum von Dingen und Unterlagen kann noch so ausgebreitet werden, dass es chaotisch wirkt. Hier muss jede Menge Zeit und Energie darauf verwendet werden, die Dinge in den Griff zu bekommen, sie zu strukturieren, zu finden und zu erledigen. Hier fehlt System! Ebenso muss sich auch der Typ des Wegwerfers seine Struktur oft erst erarbeiten.

Der gemütliche Typ

Sein Büro erinnert in den Materialien und Accessoires eher an ein Wohnzimmer. Möbel in Naturholzoptik, Teppichböden und textile Materialien erwecken neben Pflanzen und persönlichen Bildern und Gegenständen einen eher privaten Eindruck. Dunkle Farben, Hölzer, weiche Strukturen und warmes Licht sind unter anderem die Faktoren, die einen »gemütlichen« Gesamteindruck erzeugen. Das Chefbüro alten Stils, oft sogar mit Stilmöbeln eingerichtet, ist auch heute durchaus noch verbreitet. Im kleineren Rahmen der vorgegebenen Möbel versucht der »gemütliche« Angestellte durch entsprechende Mitbringsel von zu Hause diese Atmosphäre nachzuahmen. Gestickte Kissen auf dem Bürostuhl können ebenso dazugehören wie selbst gemalte Bilder an der Wand.

Der Trend zur Gemütlichkeit ist eher weiblich. Und so darf es nicht verwundern, dass Frauen nicht nur das Haus und ihre eigenen Arbeitsplätze gestalten, sondern auch die ihrer Männer. Ein bunt gemusterter Schuhabtreter vor der Tür eines Finanzbüros, daneben eine Pflanze, tragen deutlich eine weibliche Handschrift. Gerade in meiner Praxis als Designerin wäre es ein großer Fehler, diese »Kreative Kompetenz« nicht ernst zu nehmen. Die Ehefrauen der selbstständigen Unternehmer wollen genauso über Gestaltung entscheiden wie die Arztgattinnen. Und wenn ich sie nicht in den Gestaltungsprozess einbinden würde, würden sie nachträglich ihre persönliche Note in Form von Pflanzen, Accessoires und allerhand dekorativem Schnickschnack beisteuern.

Ein Büro soll je nach Typ ein gewisses Maß an Wohlbefinden erzeugen, was für manche automatisch mit »Gemütlichkeit« einhergeht. Doch aufgepasst: Zu gemütlich, zu plüschig, zu weich wirkt eher entspannend als anregend. »Träge« Energien können sich hier breit machen und mindern eher die Leistung. Ein derartig gestaltetes Büro verhindert, dass man abends nach Hause gehen möchte. Wenn es nämlich so aussieht wie daheim, besteht eigentlich überhaupt keine Notwendigkeit mehr, das Büro zu verlassen!

Jeder Mensch braucht sein eigenes Revier

Jeder Mensch hat sein »Revier«. Das entspricht seinem Instinkt und fördert sein Wohlbefinden. Er gestaltet sich seinen Arbeitsplatz mehr oder weniger nach seiner persönlichen Note. Und jeder Mitarbeiter braucht, um sich wohl zu fühlen, ein gewisses Maß an Individualität am Arbeitsplatz. Die so genannte Privatsphäre bietet gleichzeitig Identifikation und Schutz. Das Bedürfnis, sich individuell auszudrücken, stärkt auf der einen Seite das Zugehörigkeitsgefühl zum Unternehmen, kann auf der anderen Seite dem Image des Unternehmens aber auch schaden. Ein großes Katzenposter im Eingangsbereich einer modernen Firma, das die Sekretärin, ihres Zeichens Katzenliebhaberin, aufgehängt hat, muss nicht unbedingt mit dem Erscheinungsbild eines modernen Hightechunternehmens übereinstimmen. Daher geht es darum, den Angestellten auf der einen Seite genügend privaten Raum zur Verfügung zu stellen und auf der anderen Seite ihren Drang, sich in den gesamten Räumlichkeiten auszudehnen, einzuschränken.

Wo sich diese Gestaltung ausdrücken kann, hängt vom Arbeitsplatz ab. Handwerker, die auf wechselnden Baustellen unterwegs sind, haben nur einen Schrank, in dem sie ihre Kleider aufbewahren. Doch selbst dort ist genug Platz für ein Spindfoto. LKW-Fahrer schmücken ihren Arbeitsplatz, das heißt das Führerhaus ihrer Fahrzeuge, fast wie ein Wohnzimmer: mit Talismanen und blinkenden Dekorationen. Das dient in jedem Fall der Identifikation mit dem Unternehmen. Das Foto der Familie oder der Ehefrau auf dem Chefschreibtisch, daneben eine Steinsammlung vom letzten Urlaub in Australien, an der Wand selbst aufgenommene Fotos sind ebenso Ausdruck von Selbstverwirklichung über die Arbeit hinaus wie die Pflanze auf dem Fensterbrett.

In den meisten Büros wird oft der gesamte Raum um den eigenen Schreibtisch herum, aber auch der Schreibtisch selbst als privater Raum betrachtet. Je nach Gestaltungsbedürfnis des Einzelnen konzentriert sich der persönliche Krimskrams auf einen Ort oder nimmt den größtmöglichen Raum ein. Wandflächen werden mit Motiven behängt, Regale mit Schnickschnack dekoriert und der Schreibtisch mit Nippes geschmückt; am PC hängen Sticker, und über dem Monitor sitzen geschnitzte Tiere. Je nachdem, welche Ausmaße diese Dekorationen annehmen, gilt auch hier: Alles, was in irgendeiner Form schäbig, vergammelt, alt wirkt, hat hier nichts verloren!

Interessanterweise gleichen sich die Dinge, die Menschen zur Gestaltung ihres Arbeitsplatzes einsetzen: Bei den Fotos und Bildern werden besonders Motive aus der Natur favorisiert. Dazu zählen Fotos von Landschaften ebenso wie Abbildungen von Tieren; die Affinität zu Grünpflanzen, die viele auch an ihrem Arbeitsplatz pflegen, zeugt ebenfalls von Naturverbundenheit. Auch das Thema Familie spielt eine große Rolle: Fotos der Ehepartner und Kinder stehen auf dem Schreibtisch oder hängen an den Wänden. Auch Kinderzeichnungen sind unter Familie einzuordnen. Darüber hinaus werden Dinge aus dem Urlaub in den Arbeitsbereich hineingetragen: die Steine vom Urlaubsstrand in Griechenland und die kleinen Fläschchen mit Sand. Andere Motive zeigen individuelle Hobbys, etwa Fotos vom letzten Angelwettbewerb oder Erlebnisse beim Sport. Über die Darstellung von Hobbys drückt der Mensch seine besonderen Fähigkeiten aus. Vielleicht hat er einen Job, der ihn unterfordert, und durch die Fotos kann er seine Kompetenz auf einem anderen Sektor zeigen. Dadurch verschafft er sich vielleicht zusätzliche Anerkennung bei Kollegen.

Teilt man sich mit Kollegen den Raum, die den »grünen Daumen« haben, während man selbst allergisch gegen Pflanzen ist, so muss man eine Übereinkunft treffen. Auch hier gilt: Das, was uns stärkt, tut uns gut, und das, was uns schwächt, sollten wir meiden. Fühlt sich folglich jemand gestört, das heißt geschwächt, so müssen die Störfaktoren beseitigt werden.

Dem individuellen Bedürfnis nach Selbstverwirklichung am Arbeitsplatz geht ebenso das Wohlbefinden des Unternehmens voraus. Wilden Auswüchsen kann man hier nur begegnen, indem man seinen Mitarbeitern »Reviere« zuteilt und sicherstellt, dass die »Reviergrenzen« nicht überschritten werden. Die Aufgabe, klare »Gestaltungsrichtlinien« für ein Unternehmen aufzustellen, muss Chefsache sein! Hier finden sich genügend Möglichkeiten, Kompromisse zu schließen. Die hauseigene Kunstsammlung, aus der sich die Mitarbeiter bedienen können, um ihren Bereich zu gestalten, wäre eine Möglichkeit. Die Sammlung selbst wurde von Profis angelegt und ist in sich kompatibel. Wenn es nicht gern gesehen wird, dass Dekorationen wie Poster oder Fotos von außen mitgebracht werden, bietet solch eine hausinterne Kunstsammlung den Mitarbeitern dennoch genügend Spielraum.

- Jeder Mensch braucht sein »Revier«. Das entspricht seinem Instinkt und stärkt sein Wohlbefinden.
- Das Sammelverhalten ist unabhängig von Alter, Geschlecht, Bildung oder finanziellen Möglichkeiten.
- Konflikte entstehen, wenn verschiedene Sammlertypen beruflich oder privat zusammenleben müssen.
- Die Unordnung der anderen stört uns weit mehr als unsere eigene.

11. Zum Beispiel: Das Büro

Wie ist der erste Eindruck, wenn man sich von außen Ihrem Unternehmen nähert? Was fällt einem sofort auf, wenn man in Ihr Büro tritt? Macht der Raum einen einladenden, einen wirren oder einen professionellen Eindruck? Was wäre das für ein Gefühl: ein fast leerer Schreibtisch, nichts mehr suchen zu müssen, alles wäre auf seinem Platz, man hätte das Gerümpel entsorgt und die Dinge im Griff?

Der Eingangsbereich ist die Visitenkarte eines Unternehmens. Hier sollte man nicht als Erstes über Gerümpel oder auf die Entsorgung harrendes Verpackungsmaterial stolpern. Der Eingangsbereich sollte großzügig sein und nicht als Lager – nicht einmal vorübergehend – missbraucht werden. Der erste Eindruck ist für den Kunden ausschlaggebend und derjenige, den er auf immer mit Ihrem Unternehmen verbindet. Die Eingangstür selbst sollte einladen und leicht zu öffnen sein, mit einem Griff, der gut in der Hand liegt und den man gern anfasst. Eine Tür, deren Lack blättert, die quietscht und klemmt, ist nämlich nicht gerade förderlich für das Geschäft.

Hinter den Kulissen

Flure und Treppenhäuser sind das »Kreislaufsystem« eines Hauses. Ist dieses blockiert, so kann der Kundenstrom nicht zirkulieren. Oft werden aber gerade diese Bereiche wie Nebenräume, Treppenhäuser und Besuchertoiletten als nebensächlich betrachtet und entsprechend stiefmütterlich behandelt – in der stillen Hoffnung: »Hierher verirrt sich doch sowieso kein Kunde.« Möchte man einen Betrieb näher kennen lernen, dann sollte man sich also (ebenso wie in Restaurants) die Toiletten nicht entgehen lassen! Wenn die Nebenbereiche und Verkehrsflächen nicht einwandfrei und sauber sind, lässt dies auf tiefer liegende Probleme im Unternehmen schließen. Alte

Schaufensterdekorationen, neben Stapeln von Prospekten und defekten Geräten, auf Treppenstufen abgelegt, sind ein Zeichen dafür, dass das Unternehmen aus dem Ruder läuft. Treppen sind keine Ablageflächen und müssen schon aus Sicherheitsgründen absolut freigehalten werden!

Falls sich ein Besucher oder Kunde einmal aus Versehen in diesen chaotischen Bereich »hinter den Kulissen« verirrt, wird er dies als starke Irritation, als Bruch empfinden. Das Gefühl, dass hier irgendetwas nicht stimmt, wird sich beim Kunden einstellen. Dieser Kontrast zwischen »vorne hui« und »hinten pfui« wirkt auch auf die Mitarbeiter. Zu deren Arbeitsplatz zählen nämlich beide Bereiche, und in beiden sollten sie sich wohl fühlen. Ist die Diskrepanz offensichtlich, so fühlen sich Mitarbeiter vom Unternehmen nicht anerkannt.

Der Empfangsbereich

Der Übergang zwischen Eingangsbereich und Foyer mag fließend sein. Im Foyer findet die Begrüßung der Besucher statt. Oft ist die Rezeption gleichzeitig Arbeitsplatz der Sekretärin. Da dieser Arbeitsplatz eine enorme Außenwirkung hat, sollte er auch entsprechend gestaltet sein. Alles Schäbige, Heruntergekommene hat hier nichts verloren! Auch spiegelt sich hier das Image des Unternehmens wider, und somit ist mit persönlichen Dingen sparsam umzugehen.

Die Gestaltung sollte auch hier Chefsache sein. Eine Rezeption selbst hat die Funktion, sowohl Besucher zu empfangen als auch dem dahinter Arbeitenden Schutz zu bieten. Sie ist Schnittstelle zwischen innen und außen. Da sie aber von außen einsichtig ist, sollte gerade hier Ordnung herrschen. Alles Wirre, Unübersichtliche, was auf Chaos innerhalb des Unternehmens schließen lassen könnte, ist hier fehl am Platz.

Der Blick des Besuchers schweift meist vom Eingang her kommend auf die gegenüberliegende Wand oder in die diagonale Ecke. Diese beiden Bereiche sollten auf jeden Fall besonders gestaltet werden. Ein »Blickfang« in Form eines besonderen Bildes oder Objekts wäre hier angebracht. Dieser Blickfang kann eine schön gewachsene Pflanze sein; sie sollte aber nicht verkümmert und mickrig aussehen. Strahlt der Eingangsbereich Unordnung aus, so wird diese sofort mit der Struktur, den Dienstleistungen und Produkten Ihres Unternehmens in Verbindung gebracht.

Der Möblierungsstil im Eingangsbereich sollte zum Unternehmen passen. Ein Hightechunternehmen kann sich hier anders präsentieren als ein Hotel. In allen Fällen gilt: Eingangsbereiche sind keine Abstellkammern für Möbel, die von zu Hause oder aus anderen Bereichen stammen und dort »ausrangiert« wurden! Die Möbel im Besucherbereich dürfen nicht zerschlissen oder heruntergekommen sein. Will man sichergehen, dass im eigenen Betrieb alles in Ordnung ist, so sollten Sie sich als Chef regelmäßig in die Rolle eines Besuchers versetzen und diese Möbel in Augenschein nehmen. Sind die Polster durchgesessen, die Armlehnen abgeschabt? Oder fühlt sich alles gut an? Wie fühlt man sich als wartender Kunde auf diesem Sessel? Würden Sie hier gern warten? Wie alt und zerlesen sind die Zeitschriften? Was liegt sonst noch herum? Macht der Prospektständer an der Seite einen chaotischen Eindruck? Alles, was in irgendeiner Weise in diesem Bereich zu korrigieren oder auszubessern wäre, sollte umgehend ausgebessert werden!

Betrachten Sie den Eingangsbereich und das Foyer von unten nach oben: Wie sieht es mit dem Teppich oder dem Fußbodenbelag aus? Ist er sauber oder vergammelt? Wann wurden die Wände zuletzt gestrichen? Was für Bilder hängen an den Wänden? Strahlen sie Aggression oder Harmonie aus? Hinterfragen Sie alles von außen nach innen und von unten nach oben! Wie sieht es mit dem Licht aus? Wird der Besucher geblendet oder unterstützt die Beleuchtung die Atmosphäre Ihres Hauses?

Was im Eingangsbereich gilt, lässt sich auch auf jedes einzelne Büro übertragen: Von der Tür aus nach innen, von unten nach oben wird alles auf die Frage hin untersucht, ob es das Unternehmen unterstützt oder schwächt. Wie ist der erste Eindruck des Raumes? Steht irgendwo Gerümpel herum? Was springt dem Besucher als Erstes ins Auge? Ist vom Fußboden überhaupt etwas zu sehen oder steht alles voll? Gedeihen zwischen den Möbelstücken »Biotope«? Und welchen Gesamteindruck macht der Raum? Wirkt er professionell oder eher heimelig? Verlassen oder voll gestopft, weil man den Schreibtisch erst nach längerem Suchen findet?

Wild wuchernde Biotope

In Büros fällt natürlich jede Menge Papiermüll an; Pappkartons, in denen Materialien und Geräte angeliefert werden, gehören auch dazu. Und dieser Müll lagert sich mit Vorliebe in den Nischen zwischen den Möbeln ab. In diesen »Zwischenräumen« wird meist zunächst nur eine Kiste abgestellt. In die Kiste steckt irgendwer Papierrollen, ein Kleiderbügel landet daneben, obendrauf stellt man noch eine Kabeltrommel, und schon ist das Stillleben perfekt. Derartige »Biotope« sind eigendynamische, kleine Gebilde, die im Laufe der Zeit immer größer werden. Sie entsprechen dem Wildwuchs im Garten: Unkontrolliert wuchert alles scheinbar von ganz allein und breitet sich in alle Richtungen aus.

Was mit einem harmlosen Pflänzchen beginnt, kann sich schnell zu einem regelrechten Chaos auswachsen. In den Nischen zwischen den Möbelstücken oder zur Wand hin findet der Wildwuchs eine räumliche Begrenzung. Aber gibt man ihm mehr Platz, vielleicht auch einen leeren Raum, so nimmt das Chaos genau den größtmöglichen Platz ein. Kompromisse sind hier wenig wirksam. Erklären Sie daher Zwischenräume wie die Ecke hinter der Tür oder den Raum zwischen Schrank und Wand zur Tabuzone! Außerdem sollte auf dem Boden sowieso nichts herumstehen!

Verstecktes Gerümpel

Das Positive an den Biotopen ist, dass sie nach außen hin sichtbar sind. So kann man nur darauf hoffen, dass sich irgendwann einmal jemand daran stört und sie beseitigt. Ganz anders das versteckte Gerümpel. In Schränken und Regalen lagert es, oft sogar geordnet oder nur gut getarnt. Dass der Anrufbeantworter, der dort steht, schon lange nicht mehr funktioniert und somit Müll ist, sieht man ihm von außen nicht an – solange er nur weiter schön im Regal steht, abgestaubt wird und so tut, als ob. Erst beim »Abfragen« outet er sich als Gerümpel.

Schon seit Jahren nicht mehr gebrauchte Akten, die auch nicht unbedingt ins Archiv gehören, stehen im Regal neben den täglich benutzten Handakten. Dieses versteckte Gerümpel zu enttarnen gelingt nur demjenigen, dem es »gehört«. Er muss sich bei jedem Stück nach dessen Bedeutung und Funktionsfähigkeit fragen und die Dinge in die entsprechenden Kisten packen. Haben Sie den Eindruck, dass einer Ihrer Mitarbeiter mehr Gerümpel hat als andere, weil er vielleicht viel mehr Platzbedarf anmeldet, dann müssten Sie zusammen mit ihm Stück für Stück durchgehen.

Geschlossene Schränke und offene Regale

Aktenschränke im Büro sollten nur diejenigen Akten fassen, die zur tagtäglichen Arbeit nötig sind. Alte Akten, die aufbewahrt werden müssen, wandern ins Archiv. Dass ein Schrank geschlossen ist, heißt noch lange nicht, dass sich hier Krempel verstecken darf. Die Wirkung auf die Atmosphäre eines Raumes ist in beiden Fällen negativ. Darum müssen beim Ausmisten die Schränke auch innen inspiziert werden. Denn sie kosten Geld und sind als Deponien viel zu schade.

Ob Sie die Dinge aus Ihren Schubladen und Schränken überhaupt brauchen, können Sie am besten so testen: Schreiben Sie aus dem Gedächtnis auf, was sich darin befindet. Sie wissen es nicht? Dann sind es Dinge, die Sie wahrscheinlich nie oder selten brauchen! Vielleicht können Sie sich ja ganz von ihnen trennen?

In den offenen Regalen wird Gerümpel nicht unbedingt leichter erkannt, solange es »ordentlich« versteckt ist. Nur wirkt ein unaufgeräumtes Regal, auch wenn es kein Gerümpel enthält, immer unordentlich. Darum schauen Sie sich einmal Ihr Regal an: Wirkt es chaotisch oder geordnet? Rücken Sie die Bücher gerade und richten Sie sie in einer Linie parallel zur Brettkante aus, und schon wirkt das Ganze harmonischer. Und nicht vergessen: Schränke haben nicht umsonst Türen, darum schließen Sie sie! Auch wenn der Inhalt eines Schrankes geordnet aussieht – eine offene Schranktür, egal ob Schiebe- oder Klapptür, wirkt immer störend. Ob Regal oder Schrank, auf beiden sollte nichts, aber auch gar nichts stehen! Manchmal befürchtet man schon beim Betreten eines Raumes, von den überstehenden Kartons oben auf den Schränken erschlagen zu werden. Der Blick wandert nämlich automatisch in die Höhe und nimmt diesen Störfaktor sofort als Bedrohung wahr. Weder alte Akten noch alte Geräte, sondern ganz einfach »nichts« sollte auf fast raumhohen Schränken stehen. Ebenso wenig sind andere horizontale Flächen im Raum wie Simse oder Fensterbänke zu Abstellflächen berufen.

Zwischen Deponie und Leere: Der Schreibtisch

Was können Schreibtische nicht alles repräsentieren: Die Bandbreite reicht von regelrechten »Zentren der Macht« über Symbole von Status und Prestige bis hin zu chaotischen Müllhalden. In allen Fällen konzentriert sich hier das Wesentliche, hier wird weniger die Art der Leistung als vielmehr die Arbeitsweise des Einzelnen sichtbar.

Vielleicht gehören Sie ja zu den »Kraterarbeitern«, und Ihre Unterlagen türmen sich vor Ihnen auf wie ein Gebirge. Sollten Sie etwas suchen, so müssen Sie zunächst einen »Krater« bohren. Vielleicht ist Ihr Schreibtisch eher eine leer gefegte Fläche, auf der nur die gerade bearbeitete Akte liegt. Nach außen signalisiert dieses Modell Faulheit (»Ich habe wenig zu tun«) oder aber Kompetenz (»Ich habe meine Arbeit im Griff«).

Was türmt sich wirklich auf Ihrem Schreibtisch? Sind es eher die neuen Projekte, die noch nicht einmal in Angriff genommen wurden, oder sind es eher die angefangenen, noch nicht zu Ende gebrachten Aufgaben? Der Kostenvoranschlag, der im Konzept seit einigen Tagen daliegt und auf seine Vollendung wartet? Viele, deren Schreibtisch sich unter der Last der Akten biegt, benutzen dieses Chaos als eine Inszenierung ihrer Leistung. Wer so einen vollen Tisch hat, scheint viel zu tun zu haben. Aber vielleicht ist auch alles nur »Tarnung«? Hinter so einem Berg an Arbeit kann man sich natürlich auch bestens verstecken und vor neuer Arbeit schützen.

Ob Versteck, Inszenierung oder Überlastung: Derjenige, der sich in seinem Schreibtischchaos ein Plätzchen frei schaufeln muss, um überhaupt arbeiten zu können, hat ein Problem. Er hat seine Aufgaben und Projekte nicht im Griff, ist nicht Herr seiner Arbeit. Vielmehr scheint ihm diese buchstäblich über den Kopf zu wachsen. Ein Vorgesetzter, der an solch einem Schreibtisch sitzt, signalisiert das auf einer unbewussten Ebene seinen Mitarbeitern. Er kann daher auch nicht von ihnen verlangen, dass sie ihre Arbeitsplätze in Ordnung halten. Und er erwirbt sich wenig Achtung, denn wenn er schon seinen eigenen Arbeitsplatz nicht unter Kontrolle hat, wie will er dann die gesamte Firma kontrollieren?

Die Magie des leeren Schreibtisches

Die Lösung ist ganz einfach, und es führt kein Weg an ihr vorbei: Räumen Sie Ihren Schreibtisch auf! Und gerade wenn Sie überhaupt keine Zeit haben, sollten Sie damit anfangen. Denn für die wichtigsten Dinge im Leben sollte man sich immer Zeit nehmen. Arbeiten Sie sich von oben nach unten durch und nehmen Sie sich jedes Stück Papier einzeln vor. Wenn Sie angestellt tätig sind, sortieren Sie alles auf drei Stapel: Nummer eins – Ablage, Nummer zwei – weiterreichen oder delegieren, Nummer drei – gleich erledigen. Und nicht vergessen: Unter dem Schreibtisch steht der Papierkorb, der hoffentlich den größten Teil Ihres Haufens aufnimmt. Als Selbstständiger oder Freiberufler ohne Mitarbeiter lagern Sie in Stapel Nummer zwei die später zu bearbeitenden Projekte.

Anhand dieser Stapel können Sie sehen, woraus sich dieses Durcheinander überhaupt zusammensetzt! Papiere, die in Ordner gehören, landen auf dem Stapel Nummer eins und müssen ebenso wie bezahlte Rechnungen abgeheftet werden. Anfragen, die Sie sofort beantworten sollten, landen auf Nummer drei, Anfragen, die etwas Vorbereitungsarbeit erfordern, auf Nummer zwei. Die Aufgaben, die nicht zu Ihrem Aufgabengebiet gehören, reichen Sie an die entsprechenden Mitarbeiter weiter. Wenn alles sortiert ist, können Sie mit der Ablage beziehungsweise mit der Bearbeitung beginnen. Auf diese Art und Weise sollte Ihr Schreibtisch relativ schnell leer werden, sodass Sie jeden Tag Ihre aktuellen Projekte in Angriff nehmen können.

Das Gefühl, an einem fast leeren, übersichtlichen Schreibtisch zu arbeiten, ist unbeschreiblich! Vorausgesetzt, die Unterlagen sind entsprechend sortiert, breitet sich hier Ruhe und Klarheit aus. Es macht Spaß, sich an diesen Schreibtisch zu setzen. Man bekommt das Gefühl, die Arbeit im Griff zu haben, und ist nicht bereits überlastet, bevor man am Morgen überhaupt mit der Arbeit beginnt. Diese Klarheit wirkt sowohl auf einen selbst als auch auf die Mitarbeiter oder Kollegen. Anstelle des Gefühls von Überlastung tritt ein Motivationsschub. Hat man diesen Zustand auf seinem Schreibtisch erst einmal einige Tage genossen, so wird man ihn nicht wieder missen wollen. Das setzt natürlich ein kontinuierliches Aufräumen voraus. Am besten, Sie sorgen abends für einen leeren Schreibtisch, dann wird Sie morgens voller Erwartung ein leerer, übersichtlicher Tisch begrüßen, an dem es Spaß macht zu arbeiten!

Die Arbeit strukturieren

Wenn ich Büros gestalte, lege ich großen Wert darauf, dass zusätzlich zum Schreibtisch jedem Mitarbeiter ein »Stehpult« zur Verfügung steht. Das muss kein eigenes Möbelstück sein, das kann ein halbhohes Regal sein mit einer etwas breiteren oberen Ablagefläche. Die Höhe orientiert sich an der Ellbogenhöhe des Mitarbeiters. An diesem Tisch stehend können Sie die eingehende Post sortieren, Telefonate erledigen oder Ihren Kaffee trinken. Gerade im Büro mit seiner vorwiegend sitzenden Tätigkeit ist es wichtig, dass man im Laufe des Tages seine Position verändert. Der tägliche Posteingang, das Sortieren auf die drei Stapel und das Entsorgen des unnötigen Papiers lässt sich am Stehpult erledigen.

Wollen Sie in Zukunft Ihre Arbeit im Griff haben, so müssen diese Dinge fester Bestandteil Ihres Tagesablaufs werden. Versäumt man das nämlich nur einige Tage, so beginnt das Chaos wieder von vorn! Falls Sie aber mit Hilfe des beschriebenen Systems noch immer keine Struktur in Ihre Arbeitsabläufe bringen können, dann sind Sie vielleicht wirklich mit Arbeit überlastet oder Ihre Tätigkeit umfasst Aufgaben, die nicht zu Ihrem Arbeitsgebiet gehören.

Eine Aufgabe zu Ende bringen

Vielleicht liegt es aber auch an Ihrer Arbeitsweise? Gerade Frauen haben ein Talent darin, verschiedene Dinge gleichzeitig zu tun. Sie telefonieren und versenden dabei Faxe, legen die Post ab und beantworten E-Mails. Dieses Talent birgt aber auch Fallstricke: Man verzettelt sich leicht, macht die Dinge nicht richtig, fängt sie an und bringt sie nicht zu Ende. Daher sollten Sie nur eine Sache auf einmal tun, diese dafür aber umso konzentrierter.

Wie viele angefangene Projekte haben Sie zwischen Ihren Stapeln gefunden? Wie viele Anfragen sind im Konzept beantwortet, aber noch nicht ganz ausgearbeitet? Verändern Sie Ihre Arbeitsweise dahingehend, dass Sie sich nur auf eine Sache konzentrieren und diese möglichst durchziehen, ohne sie zwischendurch beiseite zu legen. Danach räumen Sie die Unterlagen auf und gehen zur nächsten Aufgabe über. Versuchen Sie diese Konzentration trotz telefonischer Unterbrechungen und anderer Störungen beizubehalten. Auf diese Art kann nichts halb Fertiges, nicht Angefangenes liegen bleiben. Erledigen Sie die Dinge gleich und beenden Sie sie. Denn angefangene Projekte werden im nächsten halben Jahr auch nicht interessanter.

Die Dinge nur einmal in die Hand nehmen

Büroarbeit wird, ebenso wie Hausarbeit, nicht weniger, wenn man sie ignoriert. Hier hilft nur eines: Erledigen Sie alles, soweit Sie können, sofort und nehmen Sie die Dinge nur einmal in die Hand. Sie öffnen die Post? Bevor Sie den Brief gleich wieder zur Seite legen, lesen Sie ihn. Werfen Sie den Umschlag in den Papierkorb und legen Sie den Brief gleich ab, leiten Sie ihn weiter oder beantworten Sie ihn. Wenn Sie die Post sofort auf den richtigen Weg geben, dann »stolpern« Sie nicht noch mehrere Tage lang darüber.

Wenn Sie schon ein Buch aus dem Regal nehmen, um etwas nachzuschlagen, dann legen Sie es danach nicht irgendwo ab, sondern stellen Sie es doch gleich wieder ins Regal zurück! Der Aufwand ist bei weitem geringer, als die Dinge mehrmals in die Hand zu nehmen! Anfangs kostet es eine gewisse Überwindung, aber die Angewohnheit, das sich einmal in der Hand befindliche Schriftstück bis zu seiner Bearbeitung nicht wieder aus der Hand zu legen, vereinfacht im täglichen Umgang mit Papier die Arbeit.

Schluss mit dem Aufschieben!

Die Dinge, die Sie selber tun müssen, tun Sie am besten sofort. Die Dinge, die unangenehm sind, sind auch in ein paar Tagen nicht spannender, also, erledigen Sie sie ebenfalls sofort! Denn nur dann haben Sie wirklich einen freien Kopf für Neues! Nicht erledigte Post oder die nicht abgegebenen Steuerunterlagen können sich wie Mühlsteine auf Ihr Gemüt legen. Sie gehen nicht ohne schlechtes Gewissen von Ihrem Schreibtisch weg, weil Sie ja noch so viel erledigen müssten. Sie erfinden Ausreden, warum Sie das Unangenehme gerade jetzt nicht tun.

Jeder von uns hat seine eigenen Taktiken, sich vor ungeliebten Arbeiten zu drücken. Was plötzlich alles viel, viel wichtiger sein kann! Wenn ich mich ertappe, wie ich den Staubsauger schwinge, dann kann ich mir ziemlich sicher sein, dass ich mich vor einer unangenehmen Arbeit drücke. Erledigen Sie das, was Ihnen wie ein Stein auf der Seele liegt, sofort, und Sie werden sehen, dass alles nur halb so schlimm ist: der Telefonanruf, den Sie tätigen müssen, genauso wie das peinliche Entschuldigungsschreiben. Das Gefühl danach ist unbeschreiblich!

Nach Möglichkeit delegieren

Aufgaben delegieren zu können setzt eine gewisse Ordnung und Struktur voraus. Seien Sie ehrlich: Würde sich ein Außenstehender oder einer Ihrer Kollegen morgen früh sofort in Ihrem Büro und Ihren Unterlagen zurechtfinden? Nein? Und was, wenn Sie morgen früh mit einer schweren Grippe aufwachen, die Sie wochenlang ans Bett fesselt? Wer könnte Ihre Geschäfte weiterführen? Würden Sie nicht wesentlich ruhiger schlafen, wenn Ihre Ordnung auch von anderen durchschaubar wäre?

Die Aussage »Ich muss alles allein machen, denn das kann keiner so gut wie ich« zeugt von der Angst, ersetzbar und entbehrlich zu sein. Bis zu einem gewissen Grad kann unsere Arbeit auch von anderen geleistet werden. Werden wir einmal krank, so läuft das Unternehmen ja dennoch weiter und auch die Erde hört nicht auf, sich zu drehen! Wir neigen alle dazu, unsere Bedeutung ein wenig zu überschätzen, oder es fehlt uns das Vertrauen in unsere eigenen Fähigkeiten. Denn hinter der Behauptung, dass kein anderer kompetent genug sei, steckt die Angst: »Wenn jemand anders das auch kann, werde ich möglicherweise nicht mehr gebraucht.«

Den »Papiertiger« reiten

Seit der allgemeinen Präsenz von PCs in Büros und der täglichen Kommunikation per E-Mail ist die Papierflut in den Büros um kein Blatt zurückgegangen. Kiloweise kommt es täglich per Post oder per Fax, und nicht genug damit, wir kaufen auch noch Zeitschriften und Zeitungen ein. So viel Papier, wie täglich eingeht, muss aber auch täglich wieder raus! Wenn hier die Balance nicht stimmt, ist man innerhalb weniger Tage unter Stapeln begraben. Jedes Mal, wenn man das Büro verlässt, kann man genauso gut gleich eine Kiste Altpapier mit zum Container in der Tiefgarage nehmen! Meinen Papierkorb leere ich täglich ein- bis zweimal. Es sieht einfach netter aus, wenn er nicht überquillt! Papiermüll zu kontrollieren heißt auch, die Briefe gleich zu öffnen und die Umschläge sofort wegzuwerfen. Dann bleibt von der Post immerhin nur noch die Hälfte übrig!

Die Flut zu kontrollieren bedeutet aber auch, die erledigten Briefe und Unterlagen baldmöglichst abzulegen. Vor jedem Archivieren sollten Sie sich fragen, ob Sie diesen Zettel, diese Information überhaupt aufheben müssen. Keine Frage, dass man wichtige Belege nicht wegwirft. Aber es gibt noch genügend Material, wie Prospekte beispielsweise, die man sich kurz anschauen kann und sich dann entscheidet, sie wegzuwerfen. Sollten Sie diese Prospekte sammeln, weil sie Ihre Arbeit unterstützen, dann sortieren Sie auch Ihre Prospektsammlungen aus. Ich brauche für meine Arbeit Kataloge von Büroeinrichtern. Diese lagern geordnet in Stehsammlern, und wenn ein neuer von derselben Firma kommt, wird der alte weggeworfen.

Ärgern Sie sich über Kataloge und Werbematerialien, die unaufgefordert ins Haus kommen? Dagegen gibt es einen ebenso einfachen wie wirkungsvollen Trick: Wenn Sie solche Sendungen mit dem Vermerk »Annahme verweigert« zurückgehen lassen, werden Sie in Zukunft nicht mehr belästigt.

Archivieren und ordnen

Artikel, die man für wichtig hält, aber aus Zeitgründen nicht lesen konnte, auszuschneiden und in Ordnern abzulegen, ist eine beliebte Beschäftigung. Der Aufwand, zur Schere zu greifen den Artikel auszuschneiden, den Kleber zu holen und den Artikel auf ein Blatt zu kleben, dieses zu lochen und abzuheften, dauert unterm Strich länger, als den Artikel zu lesen und die Information zu »speichern«. Diese Ordner mit gesammelten Zeitungsausschnitten verlagern nur den Papiermüll. Haben Sie jemals in diesen Ordnern irgendetwas nachgeschlagen? Und falls ja, haben Sie die Information, die Sie suchten, auch gefunden?

Nehmen Sie sich also jeden einzelnen Ihrer Ordner vor und fragen Sie sich auch hier: »Wie lange hatte ich dich nicht mehr in der Hand?« Nach Jahrzehnten im Regal fangen selbst die Ordner an, alt und muffig zu riechen. Der Inhalt ist längst vergilbt und interessiert in Wahrheit keinen mehr. Also, trennen Sie sich davon, denn nur dann sind Sie offen für neue Informationen! Das Gleiche gilt für alte Unterlagen aus der Studien- und Ausbildungszeit: Sie brauchen sie nie mehr wieder, sie blockieren nur neues Wissen!

Bei der Archivierung Ihrer wichtigen Unterlagen wie Steuer, Versicherungen und Rechnungen sollten Sie sich eher auf ein stabiles, also nicht loses Ordnungssystem verlassen. Der klassische Heftordner ist noch immer konkurrenzlos! Für die »kreativen Chaoten« eignen sich als Einstieg in ein Ablagesystem eher Hängeregister. Im Vergleich zu Kisten und Kästen ein echter Fortschritt! Wichtig ist, dass Ihr Ordnungssystem zu Ihrer Arbeitsweise passt und praktisch ist. Mir helfen bei der täglichen Handhabung meiner Projekte so genannte »Pultordner« oder Ordnungsmappen. In diesen lege ich alphabetisch meine Kunden ab oder nach Monaten geordnet meine Vortrags- und Seminartermine.

Gezieltes Lesen

Wir sind durch die Medien täglich einer Fülle von Informationen ausgesetzt. Darüber hinaus befinden sich die meisten von uns in ständigem Druck, den Stand des Wissens täglich zu aktualisieren. Wir bekommen Informationen per Post frei Haus geliefert und abonnieren Fachzeitschriften. Doch mal ehrlich: Lesen Sie all das regelmäßig? Oder wird der Stapel von Woche zu Woche höher, weil jedes neue Magazin, das ins Haus kommt, oben auf den Stapel gelegt wird, da es ja noch lange nicht »an der Reihe« ist. Die ungelesenen Exemplare aber blockieren neues Wissen, da wir sie als schlechtes Gewissen vor Augen haben: Erst müssen die alten Zeitschriften »abgearbeitet« werden, dann dürfen wir auch die aktuellen lesen (die dann längst nicht mehr aktuell sind).

Lassen Sie etwas Neues in Ihrem Leben zu und trennen Sie sich von diesen ungelesenen Zeitschriften! Jetzt und sofort! Wenn dann die nächste kommt, so hat sie eine weitaus bessere Chance, gelesen zu werden. Erfahrungsgemäß haben auch monatlich erscheinende Zeitschriften ein sehr kurzes »Verfallsdatum«, zumindest was unser Interesse betrifft. Diese erst nach Tagen oder Wochen zu lesen, macht meist keinen Spaß mehr. Unsere Neugier auf Neues ist zu groß, nimmt aber ab, je länger diese Zeitung ungelesen herumliegt. Sollten Sie über eine längere Zeit hinweg feststellen, dass selbst das eine Exemplar ungelesen bleibt, bis das neue kommt, dann hilft nur eines: Weg damit! Verzichten Sie ganz auf Ihr Abo, sparen Sie Geld und ersparen Sie sich Ihr schlechtes Gewissen!

Lassen Sie also die Stapel nicht unkontrolliert wachsen, sondern wählen Sie Ihre Informationsquellen gezielt aus. Die tägliche Informationsflut handhabe ich folgendermaßen: Prospekte und Werbung schaue ich an und ordne, was ich gebrauchen kann, in die Stehsammler ein; das meiste landet allerdings im Papierkorb. Fach- und Wochenzeitschriften blättere ich möglichst gleich durch, die kleinen Meldungen und Überschriften, die mich interessieren, lese ich sofort. Den Rest überfliege ich. Komme ich an einen längeren Artikel, der mich interessiert, so markiere ich diese Seite mit einem Post-it. Nach dem Durchblättern sind auf diese Weise einige Seiten markiert. Im Laufe der Woche, während meiner Kaffeepausen, kann ich in Ruhe diese Artikel zu Ende lesen. Schaffe ich das aus Termingründen auch nicht, so wandert, wenn eine neue Ausgabe herauskommt, dennoch die alte Zeitschrift in den Papierkorb.

Wohin mit den Büchern?

Neben den Ordnern nehmen, je nach Branche, Bücher den größten Platz in einem Raum ein. Raumhohe Regale mögen auch eine Art Wanddekoration darstellen. Diese kann aber, verglichen mit einem geschlossenen Schrank, recht unruhig wirken. Sich von Büchern zu trennen oder diese sogar wegzuwerfen fällt den meisten sehr schwer.

Ein gefülltes Bücherregal steht auch für die Bildung seines Besitzers. Bücher können auch Statussymbole sein, und von Statussymbolen trennt man sich nur äußerst ungern. Auf der anderen Seite hat jeder Mensch, der gern liest, eine emotionale Beziehung zu seinen Büchern. Sie begleiten uns, wenn wir allein sind, entführen uns in fremde Welten und vermitteln uns das Wissen, das wir täglich brauchen.

Aber auch hier stellt sich das übliche Problem: Wohin mit der Fülle? Irgendwann sind die Regale zu klein, die Schränke zu voll. Irgendwann muss man zwangsläufig aussortieren, wenn man neue

Bücher unterbringen möchte. Das Entrümpeln macht also auch vor dem Bücherregal nicht halt! Gehen Sie auch hier Buch für Buch durch und fragen Sie sich, ob es sich vielleicht überholt hat – etwa ein altes Fachbuch, das schon längst nicht mehr aktuell ist, aber auch noch nicht alt genug, um antik zu sein. Wer könnte das jetzt noch gebrauchen? Wenn Ihnen sofort ein Name einfällt, dann vermerken Sie diesen auf dem Buch und legen Sie es in die Kiste »Verschenken«. Andere Bücher, die sich inhaltlich in Ihrem Leben erledigt haben, sind vielleicht noch für andere interessant. Antiquariate oder soziale Einrichtungen nehmen Ihnen diese Kisten gern ab.

Taschenbücher sind weder für die Ewigkeit gedacht noch gemacht. Nach einigen Jahren vergilben die Seiten und beginnen seltsam zu riechen. Wohl keiner hat Lust, so ein zerfleddertes Exemplar nochmals in die Hand zu nehmen. Also werfen Sie vergilbte, zerlesene oder sonstwie beschädigte Bücher ins Altpapier. Den übrig gebliebenen Büchern, die für Sie noch wichtig sind, geben Sie einen angemessenen Platz. Stellen Sie sie aufrecht Rücken an Rücken in die Regale und achten Sie darauf, dass sie »richtig« stehen, das heißt gerade, ohne abgeknickt zu werden, denn ansonsten leidet auf Dauer die Bindung.

Das papierlose Büro

So viel Papier, wie täglich ins Büro kommt, sollte dieses auch wieder verlassen. Diese Faustregel sollte auch für die Arbeit mit dem PC gelten, wobei es sich hier um »virtuellen Müll« handelt. Je nach Speicherkapazität des Computers stößt man hier früher oder später an Grenzen. Auch hier sollte das Entrümpeln ein ständiger Prozess sein. Alte Dateien, Textentwürfe und Anschreiben werden dabei Tag für Tag entsorgt, das heißt gelöscht. Daneben sollten aus sicherheitstechnischen Gründen wichtige Dateien und Ordner auf Datenträgern außerhalb des Rechners gesichert und getrennt aufbewahrt werden.

Strukturieren Sie Ihre Arbeit am PC ebenso wie im Büro, denn sonst dehnt sich die Sucherei auch auf den PC aus (obwohl uns hier wenigstens Suchprogramme zur Seite stehen). Aber auch bei der Arbeit mit diesem Medium ist eine gewisse Struktur erforderlich: Was legen Sie wo ab, wie nennen Sie die Datei, den Ordner, wie schaffen Sie hier größtmögliche Ordnung? Sie wollen ja schließlich auch hier die Übersicht behalten. Löschen Sie regelmäßig Ihre digitalen Fotos. Gerade die Größe des Speichers verleitet dazu, dass man auch mindere Qualität über längere Zeit aufbewahrt. Aber genau wie bei den Papierfotos können Sie auch hier davon ausgehen, dass höchstens jedes vierte Foto wieder gebraucht wird.

Der Posteingang per E-Mail hat den normalen Posteingang bei weitem überholt. Die Schnelligkeit des Mediums verlangt auch eine schnelle Bearbeitung. »Haben Sie meine Mail nicht erhalten?«, wird sogar noch telefonisch nachgehakt. Hatte man früher eine Woche Zeit, einen Brief zu beantworten, so wurde der Druck beim Fax schon größer. Bei der Datenübertragung »just in time« erwartet der Absender die Antwort noch prompter. Der Druck nimmt zu und erfordert noch viel schneller als bei der Schneckenpost ein sofortiges Unterscheiden zwischen »wichtig« und »unwichtig«. Gehen Sie Ihre Mails in der gleichen Weise wie Ihre Post durch, werfen Sie die »junk mails« sofort in den Papierkorb und beantworten Sie die anderen E-Mails möglichst sofort, wenn auch nur kurz.

Ansonsten wächst der »Berg« mit jedem Tag. Und wenn es nach einer Woche Urlaub fast hundert E-Mails sind, die im Postfach warten, dann muss der »Schrott« sofort aussortiert werden. Alles, was nach Werbung aussieht, aber auch lustige E-Mail-Kettenbriefe lösche ich ungelesen. Auf andere Weise werde ich sonst dieses »Mülls« nicht mehr Herr. Erledigte Anfragen können gelöscht werden, neue Adressen werden der Adressverwaltung hinzugefügt. Mich erstaunt immer wieder, wie viele Kapazitäten, sowohl an Speicher als auch an Zeit, anderen Menschen offenbar täglich zur Verfügung stehen. Das minutenlange Laden von großen Bild- oder Filmdateien nur zur Unterhaltung blockiert unnötig. Falls Sie auf diese Scherze keinen gesteigerten Wert legen, senden Sie sie doch mit einer kleinen Notiz an den Absender zurück.

Nachdem alles, was die Arbeit und einen selbst stört, aus der unmittelbaren Arbeitsumgebung verschwunden ist, nachdem Schreibtisch und Regale frei von Gerümpel und übersichtlich sind, kann mit der Gestaltung des Büros begonnen werden. Schauen Sie sich zunächst nochmals um: Stört sie noch irgendetwas? Vielleicht die Yucca-Palme, ein Foto an der Wand? Entfernen Sie alle Störfaktoren! Steht Ihr Schreibtisch im idealen Winkel von 90 Grad zum Fenster, der Bildschirm ebenso? Blendendes Kunst- und Tageslicht sollte vermieden werden.

Die Qualität der Arbeit und das subjektive Wohlbefinden hängen entscheidend von der Platzierung der Personen im Raum ab. Ob es sich um Großraumbüros oder Büroräume handelt, die von mehreren Personen benutzt werden, die auftauchenden Probleme sind sehr ähnlich: Auch wenn alle Arbeitsplätze gleich ausgestattet sind, so gibt es von der Lage her bessere und schlechtere Plätze. Die besseren sind die mit dem Rücken zu einer Wand und mit Blick auf die Tür, die schlechteren sind diejenigen mit dem Rücken zu einem Fenster, einer Ecke oder frei im Raum. Sitzen Sie mit dem Rücken vor einem offenen Regal? Dann verkleiden Sie es! Haben Sie einen Schrank im Rücken, so sollten dessen Türen immer geschlossen sein. Vor dem offenen Fenster kann ein Vorhang den nötigen Schutz bieten. Wenn man mitten im Raum und somit ungeschützt sitzt, kann eine über den Kopf hinaufragende Rückenlehne des Bürostuhls den Schutz übernehmen. Im Idealfall wird der Rücken durch eine Wand gestärkt, an der hinter dem Rücken nichts steht. Die ranghöchste Person im Raum sollte einen Platz haben, von dem aus sie alles im Raum überschauen kann. Also am besten hinten, diagonal der Eingangstür entgegengesetzt.

In Räumen, die von mehreren Mitarbeitern gemeinsam genutzt werden, müssen die Grenzen der »Reviere« klar definiert sein: Wer darf sich bis wohin ausdehnen? Da sich hier alle wohl fühlen müssen, ist das, was einen anderen Kollegen stört, zu beseitigen. Das kann der Dschungel von Pflanzen ebenso sein wie ein Bild, das der

Betreffende vor Augen hat. Und dazu zählt natürlich auch Gerümpel aller Art. Wichtig ist hier die Kommunikation und die Rücksichtnahme auf den Schwächsten, das heißt denjenigen, der sich gestört fühlt. Wichtig ist auch, dass jeder, wenn er schon nicht über einen eigenen Raum verfügen kann, zumindest einen eigenen Bereich hat, in dem er sich individuell ausdrücken kann und darf. Dies trägt viel zur Identifikation mit dem Unternehmen bei. Wichtig ist auch, dass jeder seinen Müll und alles, was er als Gerümpel definiert, selbst entsorgt.

Chefbüro mit Vorbildfunktion

Die Kompetenz, die einen Vorgesetzten unter vielen anderen auszeichnet, ist die Fähigkeit zu delegieren. Ein überladener Schreibtisch spricht nicht gerade für diese Fähigkeit. Erklären Sie Ihren Schreibtisch für andere zur Tabuzone. Unterlagen, die in Ihrem Büro für Sie abgelegt werden, müssen an einem bestimmten Ort hinterlassen werden, den Sie definieren. Das Chefbüro sollte in jedem Falle die Ziele des Unternehmens widerspiegeln und in der Gestaltung zum Ausdruck bringen. Wenn es sich dabei um Klarheit und Offenheit handelt, so stehen Chaos und Gerümpel hierzu in krassem Gegensatz. Ein Chefbüro hat, ebenso wie der Schreibtisch, eine Vorbildfunktion. Denn wie will ein Vorgesetzter von seinen Mitarbeitern strukturiertes und klares Arbeiten erwarten, wenn er selbst das Chaos vorlebt? Die nonverbale Botschaft, die dieser Raum ausstrahlt, lässt sich ganz schlecht verbal korrigieren. Die Anforderungen, die an Mitarbeiter gestellt werden, müssen vom Chef nach außenhin gelebt werden. Insofern ist gerade in einem Chefbüro Gerümpel aller Art absolut tabu.

Wenn Sie als Chef von Ihren Mitarbeitern geschätzt werden wollen, so müssen Sie sich zunächst auch selbst etwas »wert« sein. Und das drückt sich in der hochwertigen, aber nicht unbedingt übertriebenen Ausstattung Ihres Büros aus. Zusätzlich zum eigenen Schreibtisch befindet sich in fast jedem Büro ein kleiner Besprechungstisch für Gespräche mit Internen oder Externen. Dieser Tisch ist keine Ablagefläche für alte Akten, sondern sollte frei sein. Falls er erst leer geräumt wird, wenn der Kunde bereits im Raum steht, so fühlt sich dieser nicht als willkommener, sondern als störender oder sogar ungebetener Gast. Dieser Tisch sollte für Sie selbst tabu und jederzeit benutzbar sein.

Besprechungsräume sind keine Abstellkammern

Das gilt auch für die Tische in den Besprechungsräumen. Diese Flächen sollten leer sein und nicht erst kurzfristig leer geräumt werden. Möbel oder auch Räume, die nur sporadisch genutzt werden, wie in manchen Fällen die Besprechungszimmer, laufen Gefahr, als vorübergehende Deponien für alles, was keinen eigenen Platz hat, missbraucht zu werden.

Es spricht überhaupt nichts dagegen, diese Räume mit Schränken auszustatten. Vielleicht eignen sich ja gerade diese Schränke zur Archivierung Ihrer alten Unterlagen? Alte Funktionsmodelle haben hier jedenfalls ebenso wenig etwas zu suchen wie alte Bürogeräte oder Pappkartons.

Das Büro zu Hause

Mit einem Laptop und einem Handy kann man von jedem Ort dieser Welt aus seine Arbeit erledigen und sein Büro organisieren. Der Ort »Büro« wird austauschbar. Journalisten sitzen in Cafés, Programmierer arbeiten im Zug, Autoren schreiben im Hotelbett. Diese Orte sind vorübergehende Arbeitsplätze für Reisende.

Ist der »vorrübergehende Arbeitsplatz«, zusätzlich zum Büro, zu Hause am Küchentisch oder in einer kleinen Ecke untergebracht, so kann man diesen vernachlässigen. Befindet sich jedoch das feste Büro zu Hause installiert und wird nur von dort aus gearbeitet, so sollte man es am besten räumlich von anderen Bereichen trennen. Von einem Sekretär im Schlafzimmer aus sein neues Unternehmen zu starten dürfte schwierig sein. Diese Umgebung ist nicht geeignet, sie ist zu »ruhig«. Wenn man in diesem Raum ständig müde ist, muss es einen nicht wundern! Das Büro im Schlafzimmer stört aber ebenso nachts den Schlaf, da man die unerledigte Arbeit ständig vor Augen hat.

Ein eigenes Büro im Haus oder in der Wohnung sollte möglichst nur mit den zum Job gehörenden und dazu passenden Möbeln und Gegenständen ausgestattet sein. Trennen Sie auch formal das Arbeiten vom Wohnen, dann bekommt jeder Bereich für sich mehr Bedeutung. Gerade zu Hause ist die Gefahr, abgelenkt zu werden und sich ablenken zu lassen, ziemlich groß. Definieren Sie die Grenzen Ihres Büros und stellen Sie sicher, dass Sie dort nicht gestört werden. Machen Sie beispielsweise Ihren Kindern und Ihrem Partner klar, dass Sie, solange Sie auf Ihrem Bürostuhl sitzen, nicht angesprochen werden wollen. Wenn Sie selbst Ihre Arbeit zu Hause ernst nehmen, wird sie auch von den anderen ernst genommen. Dennoch sollte das nur eine vorübergehende Lösung sein. Das beste Büro ist und bleibt eines, das räumlich vom Wohnen getrennt ist.

- Alle Zwischenräume wie die Ecke hinter der Tür oder der Raum zwischen Schrank und Wand sind für Gerümpel tabu.
- Nicht alle horizontalen Flächen im Raum wie Simse oder Fensterbänke sind automatisch Abstellflächen.
- Ein leerer Schreibtisch erzeugt schon am frühen Morgen das Gefühl, die Arbeit im Griff zu haben.
- Den Papiermüll zu kontrollieren heißt, die Briefe gleich zu öffnen und die Umschläge sofort wegzuwerfen.
- Neue Schränke lösen keine Platzprobleme.
- Nehmen Sie die Dinge nur einmal in die Hand und erledigen Sie sie sofort.
- Bringen Sie eine Aufgaben zu Ende, bevor Sie eine neue beginnen.
- Trennen Sie, wenn möglich, das Arbeiten vom Wohnen.

12. Weitere Branchen

Kennen Sie auch Geschäfte, Restaurants oder Unternehmen, die dringend entrümpelt werden müssten und deren Unordnung Sie als Kunde unangenehm berührt?

Gerümpel und Chaos sind nicht nur begrenzt auf gewisse Branchen, sie sind allgegenwärtig. Als Gast fallen uns die halb verwelkten Blumen im Restaurant sofort ins Auge, als Patient stören uns die zerfledderten Zeitschriften im Wartezimmer. Aber im Hinblick auf unsere eigene tägliche Umgebung ist jeder von uns mehr oder weniger »betriebsblind«. Also machen Sie sich auf die Suche nach allem, was für Ihr Unternehmen geschäftsschädigend sein könnte.

Wenn Sie sich mit dem Auto Ihrem Unternehmen nähern, so machen Sie bereits hier die Augen auf: Fährt man auf dem Weg dorthin bereits durch ein heruntergekommenes Wohngebiet? Muss man sich erst einmal »durch das Chaos hindurchschlagen«, ehe man bei Ihnen vor der Tür steht? Alles, was Ihre Optik stört, was Sie selbst als blockierend empfinden, muss weg! Achten Sie auch auf alles, was bereits außen einen schäbigen Eindruck hinterlässt und dringend behoben werden müsste, etwa rostige Schilder, defekte Beleuchtung oder abgeblätterte Farbe.

Den Übergängen zwischen dem Außen und dem Innen wird meist wenig Beachtung geschenkt. Als würde der Kunde erst seine Sinne betätigen, wenn er Ihre Geschäftstür öffnet! Aber der erste Eindruck entsteht bereits im Vorfeld, und darum sollten die Schnittstellen zwischen außen und innen besonders beachtet werden. Eine Blockade, die oft nicht als solche erkannt wird, sind parkende Autos. Wenn diese so nah an Ihrem Geschäft stehen, dass sie fast in der Auslage parken, dann ist auch das geschäftsschädigend! Der Blick sollte hier frei bleiben. Ebenso stört es, wenn direkt vor dem Eingang geparkt wird. Vor dem Eingang sollte genügend freie Fläche vorhanden sein, damit er auch wahrzunehmen ist. Stellen Sie sicher, dass kein »wildes« Parken hier möglich ist. Ein Eingang muss frei zugänglich sein! Sonst muss man sich zwischen Autos durchschlängeln und beschmutzt sich seine Kleidung. Dann ist der Kunde schon leicht gereizt, bevor er Ihr Geschäft überhaupt betreten hat.

Um welche Branche es sich hierbei handelt, ist sekundär. Gerümpel und Blockaden sind wie überall zu vermeiden. Allerdings können sich die Bereiche durch das Aufkommen von Publikumsverkehr unterscheiden. Die einen Dienstleister sind von ihrer Ausrichtung her auf Repräsentation und Kundenempfang ausgelegt, wie beispielsweise eine Arztpraxis oder Ladengeschäfte, während in anderen Branchen, etwa Handwerksbetrieben oder Planungsbüros, seltener mit Kundenbesuchen zu rechnen ist.

Immerhin betreten aber die Mitarbeiter täglich diesen Betrieb, und ihr Wohlbefinden müsste einem Unternehmen ebenso wichtig sein wie das der Kunden. Denn wenn ein Unternehmen schon an der Schnittstelle einen »verlotterten« und ungepflegten Eindruck macht, kann sich das nicht motivierend auf die Mitarbeiter auswirken. Wie will man von ihnen da exakte und einwandfreie Arbeit erwarten?

Ladengeschäfte

Bei Ladengeschäften ist, noch mehr als bei anderen Unternehmen, ein klar definierter und als solcher erkennbarer Haupteingang wichtig. Dieser sollte entsprechend gestaltet sein. Dass das Personal morgens durch einen Personaleingang kommt, ist akzeptabel. Aber Kunden sollten durch unterschiedliche Eingänge nicht irritiert werden. Erfahrungsgemäß schaden zwei Eingänge mehr, als sie nutzen. Im Falle von Apotheken, die sich in Ärztehäusern befinden, wird gern zusätzlich zum Eingang von der Straße her ein Eingang vom Treppenhaus aus vorgesehen. Das schafft Verwirrung. Meist liegen beide Eingänge nur wenige Meter voneinander entfernt, sodass den Kunden durchaus zuzumuten wäre, den Haupteingang zu benutzen. Alles, was den Zugang zum Eingang blockiert oder Kunden davon abhalten könnte, das Geschäft zu betreten, sollte entfernt werden. Barrieren können Prospekt- oder Kartenständer ebenso sein wie Grabbelkisten oder Kleiderständer mit Sonderangeboten. Die Absicht, mit diesen Mitteln Kunden ins Geschäft zu »locken«, hat oft genau den entgegengesetzten Effekt!

Die Fassade des Geschäfts sollte einen einladenden und sauberen Eindruck machen. Bröckelnder Putz und schmutzige Wände, Graffiti und verdreckter Boden wirken geschäftsschädigend. Von den Passanten weggeworfenes Papier und sonstiger Müll muss vor Ihrem Geschäft mehrmals täglich entsorgt werden. Auch wenn das die Aufgabe der Stadtreinigung ist, der schlechte Eindruck bleibt an Ihnen hängen!

Die Präsentation der Waren

Die Scheiben der Schaufenster müssen sauber sein und die Waren übersichtlich und ansprechend dekoriert werden. Aber auch hier ist meist weniger mehr. Zu viel Dekoration, die inhaltlich nicht zur Ware gehört, wirkt oft billig und stiehlt der Ware die Schau. Dinge, die nicht in den geschäftlichen Zusammenhang gehören, sollten gemieden werden. Schaufenster sind nicht nur dazu da, die Ware zu präsentieren – durch sie präsentiert sich oft schon das Geschäft nach außen. Achten Sie also darauf, dass der Kunde Sie von außen beobachten kann! Sieht er von außen hinter die Kasse oder eröffnen sich ihm andere Blickwinkel, die nicht für seine Augen bestimmt sind? Wenn irgendwo das Chaos bis nach außen sichtbar wird, so schirmen Sie es vor unbefugten Blicken ab oder sorgen Sie dafür, dass diese sichtbare Unordnung verschwindet.

Worauf richtet sich der Blick des Kunden, wenn er in Ihr Geschäft tritt? Fotografieren Sie zur Kontrolle doch diese Ansicht einmal von der Tür aus. Woran bleibt der Blick hängen? Hat der Kunde den Durchblick bis zum anderen Ende des Geschäfts oder wird dieser versperrt? Versperrte Wege sind ohnehin hinderlich. In der guten Absicht, möglichst viel Ware im Verkaufsraum unterzubringen, blockieren viele ihr Geschäft geradezu. Möglichst ohne mit anderen Kunden zu kollidieren, sollte ein Rundlauf möglich sein.

Dekorationen sollten auch hier niemals der Ware die Schau stehlen. Große Strohballen mit der neuesten Herbstmode blockieren ebenso wie auf sperrigen Kommoden dekorierte Bettwäsche. Die Ware sollte immer im Vordergrund stehen, denn alles, was sie in ein falsches Licht rückt, wirkt hemmend. Ware, wie beispielsweise Stoffe oder Kinderspielzeug, die für sich schon sehr bunt und unruhig ist, braucht zur besseren Präsentation einen ruhigen Hintergrund. Die Regale müssen hier nicht auch noch in allen Regenbogenfarben prangen. Heimtextilien auf unruhig gemusterten Tischen zu präsentieren irritiert das Auge – während die so genannte »Weißware« wie Kühlschränke, Herde und Waschmaschinen durchaus farbig gestaltete Wände als Hintergrund vertragen kann. Was bei dem einen Produkt eher stört, wirkt bei dem anderen eher verkaufsfördernd.

Bunt zusammengewürfelte Regale und Verkaufsmöbel erscheinen leicht billig und provisorisch. Aus dem häuslichen Zusammenhang gerissene Stühle und Sessel wirken hier wie Fremdkörper. Achten Sie darauf, dass sich nichts, was in irgendeiner Weise den Anschein von Sperrmüll erweckt, in Ihrem Geschäft befindet. Auch zu eng stehende Regale können abschreckend wirken. Kunden mit Kinderwagen oder Kindern an der Hand haben oft keinen Platz, sich in den Gängen zu bewegen. Mit einer vollen Tasche über der Schulter betrat ich vor kurzem ein Porzellangeschäft. Ich hatte schon im Eingangsbereich Mühe, mich um das erste quer stehende Regal herumzuschlängeln. Die dicht aneinander gestellten Regale präsentierten zwar jede Menge Produkte, vertrieben mich jedoch ganz schnell wieder. Ich wollte nicht Gefahr laufen, an einem der Regale hängen zu bleiben und es womöglich umzureißen.

Handwerksbetriebe

Unternehmen, bei denen Werkstätten an die Verkaufsräume grenzen oder sogar ineinander übergehen, sollten besonders auf ein einwandfreies Äußeres achten. Für den Kunden ist es durchaus einladend zu sehen, wie das Produkt hergestellt wird. Dass der Goldschmied seinen Schmuck selbst anfertigt, kann durch den Arbeitsplatz im Geschäft oder im hinteren Teil des Geschäfts dargestellt werden. Oft lässt sich das räumlich nicht trennen. Wichtig ist hierbei nur, dass alles, was in irgendeiner Weise unschön wirkt, aus dem Verkaufsraum verbannt werden sollte.

In Maler- oder Raumausstatterbetrieben mit angeschlossenem Verkaufsraum sollte unbedingt eine Geruchsbelästigung vermieden werden. Der Geruch von Farbe und die Dämpfe von Lösungsmitteln wirken in den Verkaufsräumen wenig anheimelnd, der Kunde wird es eher als störend empfinden. Ebenso sollte ein Verkaufraum nicht als Lagerfläche für Farbeimer oder Teppichrollen missbraucht werden. Auf die Trennung der Funktionen ist genauso auch in den angrenzenden Bereichen zu achten. Weder die Werkstätten noch die Büros oder die Flure zu den Büros dürfen als Abstell- oder Lagerfläche missbraucht werden. Verkehrswege und Büros sollten davon frei sein und bleiben!

Defekte, von den Kunden zur Reparatur abgelieferte Geräte stören im Verkaufsraum eines Elektrogeschäftes. Im Büro des Chefs blockieren sie dessen Arbeit, und auf der Treppe zur Werkstatt können sie sogar zur gefährlichen Stolperfalle werden. Räumen Sie die Dinge sofort dorthin, wo sie hingehören. Viele bleiben oft unterwegs irgendwo »hängen« und sitzt dort lange Zeit fest, denn keiner fühlt sich dann noch zuständig, sie auf den richtigen Weg zu bringen. Steht erst einmal ein Eimer herum, so folgt sofort ein neuer nach, und das Chaos nimmt seinen Lauf – und beansprucht irgendwann den größten Raum.

Büros oder Werkstätten als Lager- oder auch Deponiefläche zu dulden zeigt den Mitarbeitern gegenüber eine Geringschätzung. Ihr Arbeitsplatz wird nicht genügend geachtet, und so achten auch sie selbst ihren Arbeitsplatz entsprechend gering. Der sorgfältige Umgang mit den Werkzeugen, der sparsame Umgang mit den Produkten aber kann nur aus der eigenen Verantwortung der Mitarbeiter erfolgen. Ein sauberes und aufgeräumtes Umfeld wirkt motivierend! Dagegen wird unsauberes Auftreten nach außen, wie beispielsweise schmutzige Firmenfahrzeuge und bekleckerte Arbeitskleidung, nicht nur bei Handwerkern mit minderer Qualität und unsauberer Arbeitsweise in Verbindung gebracht.

Arzt- und Massagepraxen sind Unternehmen, ebenso wie andere medizinische Einrichtungen. Der Kunde ist in diesem Fall ein Patient, der nicht unbedingt freiwillig dieses Unternehmen aufsucht, sondern meist noch körperlich beeinträchtigt ist. Umso mehr muss für eine leichte Zugänglichkeit und die Entfernung von Blockaden gesorgt sein. Von gesundheitlichen Einrichtungen und Arztpraxen erwartet der Kunde einwandfreie hygienische Verhältnisse sowie Untersuchungs- und Behandlungstechniken, die auf dem neuesten Stand sind. Und dieser Stand sollte sich in der Einrichtung und Gestaltung der Praxis widerspiegeln.

Ein freundliches Äußeres beginnt bereits in der Gestaltung der Eingangssituation. Alles, was in irgendeiner Weise veraltet, schäbig und unprofessionell erscheint, muss aus einer Arztpraxis entfernt werden. Der Patient sollte bereits im Vorfeld das Gefühl haben, »wertgeschätzt« zu werden. Wurde ein Wartezimmer seit zwanzig Jahren nicht renoviert, wechseln die Bilder an den Wänden nicht, liegen seit Monaten die gleichen alten Zeitschriften herum, so erwartet der Patient auch nicht unbedingt die modernsten Behandlungsmethoden. Ein Mediziner, dessen Praxis sich seit Jahrzehnten nicht verändert hat, macht nach außenhin den Eindruck, als hätte auch er sich in diesen Jahren kaum weiterentwickelt.

Eine im Wartezimmer und Eingangsbereich »abgewirtschaftete« Praxis gehört nicht zu den Einzelfällen. Die Zustände, auch in den Behandlungsräumen, sind oft erschreckend. Was aussieht wie ein Abstellraum mit heruntergelassenen Jalousien und herumstehenden Kartons und Kisten entpuppt sich als Sprechzimmer. Der Arzt arbeitet an einem chaotisch überladenen Schreibtisch, Röntgenbilder stapeln sich neben anderen Unterlagen, Verbandsmull liegt daneben. Das Wandregal ist halb leer und würde Platz für die Hälfte des Krempels bieten. Dieses Ambiente erscheint nicht gerade so, als wäre die ärztliche Leistung von Präzision und Gewissenhaftigkeit geprägt.

Hygienische Bedenken aber werden durch den Zustand des Teppichbodens ausgelöst, der – einst beige, heute gewellt – mit Flecken unterschiedlicher Größe und Dichte gemustert ist. Dass auch der kurz danach erscheinende, sehr hektisch wirkende Arzt nicht in der Lage ist, dieses negative Bild in irgendeiner Form zu korrigieren, wundert nicht. Denn: Wie außen, so innen und wie innen, so außen gilt auch hier! Die zunehmende Konkurrenz im Gesundheitssektor führt hoffentlich über kurz oder lang dazu, dass der ansprechenden Gestaltung der Räumlichkeiten mehr Beachtung geschenkt wird.

Geschäftsschädigend ist hier oft schon der Umgang mit dem Patienten als hilflosem und somit nicht zurechnungsfähigem Kranken. Patienten werden im öffentlichen Gesundheitssystem und auch in vielen Arztpraxen nicht ernst genommen, obwohl sie letztlich nichts anderes als Kunden sind. In anderen Ländern führt man dagegen Krankenhäuser wie Hotels und behandelt die Patienten wie Gäste. Diese traumhaften Zustände könnte man auch hier vollkommen kostenneutral erreichen: Voraussetzung wäre allerdings eine neue Haltung des Personals dem Kunden gegenüber. Der ist nämlich überall König.

Restaurants

In chinesischen Restaurants sitzen schon vor dem Eingang grimmig aussehende »Fu-Hunde«, die das Restaurant und auch die Gäste bewachen sollen. Ein aufrecht stehender, ausgestopfter Grizzlybär, der im Eingangsbereich eines Restaurants die Gäste erschreckt, ist ebensowenig einladend. Hier sollte man alles vermeiden, was einen aggressiven Eindruck macht, dann das erweist sich als geschäftliche Blockade. Prallt der Blick anschließend an einer überladenen Garderobe ab, so ist dies Hindernis Nummer zwei. Der Gast sollte auch hier vom Eingang aus das Lokal überblicken und sich innerhalb dessen frei bewegen können, ohne sich zwischen den Stühlen durchschlängeln zu müssen.

Dekorationsartikel wie alte Skier neben bäuerlichen Milchkannen sollten so angebracht sein, dass man ohne Gefahr für Leib und Leben an ihnen vorbeikommt. Der Gast möchte sich in diesen ihm unbekannten Räumen sicher fühlen. Wenn er das nicht tut, fühlt er sich auch nicht wohl. Die Tische an Wänden und Fenstern sind für gewöhnlich diejenigen, die als Erste belegt sind. Tische ohne seitlichen Schutz, die frei im Raum stehen, bieten dagegen keine Voraussetzungen für das Wohlbefinden.

Der Mensch sucht auf der einen Seite Nähe zu anderen, braucht aber auch die Distanz. Diese Distanz ist kulturell unterschiedlich und bei uns besonders ausgeprägt. Sich zu fremden Leuten an einen großen Tisch zu setzen ist in unserer Kultur wenig beliebt. Besteht ein großer Tisch aus vielen kleinen und lassen sich die Tische nur ein wenig von den anderen wegziehen, so hat man damit oft die nötige Distanz geschaffen, die für das Wohlbefinden nötig ist. Diesen menschlichen Bedürfnissen nach Schutz Rechnung zu tragen heißt, die äußeren Prämissen für Behaglichkeit zu schaffen.

In einem Restaurant möchte der Gast natürlich gut essen, aber das auch bitte in einer schönen Umgebung. Hier sind die Sinne des Menschen ganz besonders offen. Man freut sich auf das gute Essen, das man genießen möchte, und registriert alles, was diesen Genuss stören könnte: Störend sind etwa zu harte Sitzflächen, aber auch durchgesessene Polster. Nicht gerade einladend wirken auch geflickte Tischdecken oder auch solche mit Löchern, verbogene Gabeln und verstaubte Tischdekorationen.

Von den Nachlässigkeiten im äußeren Erscheinungsbild wird der Gast eines Restaurants im Übrigen sofort auf den hygienischen Zustand der Küche schließen – mit dem Unterschied, dass dieser einer öffentlichen Kontrolle unterliegt. In der Einrichtung ist jedoch alles »erlaubt« und somit möglich. Doch alles, was einen billigen Eindruck macht, wird hier dem Image schaden. So senden Energiesparlampen neben schlechtem Licht, in dem der Teint des Gastes krank wirkt, auch die Botschaft »Sparen« aus und wirken daher nicht gerade anregend auf den Umsatz.

Hotels

Waren Hotelzimmer bisher kalt und ungemütlich, so wird in der Raum-, Farb- und auch Lichtgestaltung zunehmend Wert auf eine angenehme Atmosphäre gelegt. Diese funktioniert auch, solange die Hotels neu sind. Beobachtet man gewisse Hotels jedoch über Jahre hinweg, so fällt auf, dass der Instandhaltung so gut wie keine Aufmerksamkeit geschenkt wird. Die innen vergoldeten Fahrstuhlpaneele sind schnell verdreckt und angekratzt. Der getigerte Teppichboden in den Fluren, einst ein gestalterischer Gag, ist zerschlissen, die Tapeten beginnen abzublättern, und die Gardinen sind in Ehren ergraut. Dieser etwas heruntergekommene Charme mag in historischen Räumen noch zur Stimmung beitragen, in einem anderen Zusammenhang wirkt das Ganze jedoch heruntergekommen und schäbig.

Bei weitem schlimmere Zustände herrschen zum Teil in kleinen privaten Hotels. Diese trifft man überall an, in Großstädten, Dörfern oder Ferienorten. Umgebaut wird hier alles, was nur irgendwie als Gästezimmer zu nutzen ist. Selbst der Verschlag unter dem Dach, in dem man kaum aufrecht stehen kann, wird in manchen Wintersportorten noch vermietet – renoviert oft in Heimwerkermanier, möbliert mit dem Nachlass der gesamten Verwandtschaft. Bei den wenigsten Möbeln handelt es sich um wertvolle »Klassiker«, der überwiegende Teil ist schlicht und einfach Sperrmüll. Hier kann sich der Gast nicht wohl fühlen, ganz im Gegenteil, er fühlt sich als Kunde missachtet und »betrogen«.

»Gemischtwaren«: Nichts Halbes und nichts Ganzes

Dass die Drogerie inzwischen auch Kaffee verkauft und die Kaffeekette auch Unterwäsche, irritiert die meisten Kunden nach wie vor. Sie scheinen sich zwar an diese »Mischungen« gewöhnt zu haben, aber eher aufgrund der niedrigen Preise. Im Einzelhandel wirken diese gemischten Branchen weniger überzeugend. Der Kunde hat das Gefühl, nichts Halbes und nichts Ganzes für sein Geld zu bekommen.

Bietet der Friseur jetzt auch noch Kleidung an, so hat man das Gefühl, dass er sich aufgrund schlecht laufender Geschäfte umorientiert. Und die vom Chemieduft parfümierten Kleidungsstücke sind ebenso wenig ansprechend. Wer möchte seinen Tee in einem verrauchten Tabakwarenladen kaufen? Kombiniert man verschiedene Produkte oder Branchen an einem Ort miteinander, so muss das eine vom andern profitieren können und darf dem anderen Produkt nicht schaden. In einem Bekleidungsgeschäft gleich noch die passenden Schuhe anzubieten liegt nahe und wird vom Kunden akzeptiert. Alles andere kann sich leicht als »Schuss nach hinten« erweisen – dann nämlich, wenn die Kunden ganz wegbleiben, weil sie mit dem »Mischsortiment« nichts anfangen können und es auch nicht annehmen.

- Das Chaos im Außen ist ein Zeichen für professionelle Inkompetenz.
- Auch hinter den Kulissen sollte kein Gerümpel stehen.
- Alles, was in irgendeiner Weise unaufgeräumt und schlampig wirkt, hat auch direkten Einfluss auf Ihr Unternehmen.
- Wenn ein Unternehmen schon an der Schnittstelle einen »verlotterten« und ungepflegten Eindruck macht, kann sich das nicht motivierend auf die Mitarbeiter auswirken.
- Büros, Werkstätten oder Verkehrsflächen als Lager- oder auch Deponiefläche zu dulden entspricht einer geringschätzigen Haltung den Mitarbeitern gegenüber.
- Hotelzimmer sollten Gästezimmer und keine Fremdenzimmer sein.
- Sowohl Mitarbeiter als auch Patienten sind »Kunden« und sollten entsprechend geachtet werden.
- Kombiniert man verschiedene Produkte oder Branchen an einem Ort miteinander, so muss das eine vom anderen profitieren können und darf dem anderen Produkt nicht schaden.

13. Gerümpel im Vorfeld vermeiden

Wie gedenken Sie persönlich in Zukunft Gerümpel zu vermeiden? Wie ersticken Sie Ihr Chaos schon im Keim, bevor es richtig entsteht?

Wollen Sie in Zukunft bereits im Vorfeld ein Zuviel an Dingen vermeiden, so gilt es, Ihr Verhalten zu kontrollieren und wenn nötig zu korrigieren. Und das beginnt bereits beim Kauf: Denn alles, was Sie in Ihre Räume hineinbringen, sitzt dort die nächsten Jahre fest! Und so sollte man vor dem Kauf ganz sicher sein, dass man nicht heute bereits das Gerümpel von morgen erwirbt. Dass die Dinge veralten, nach einer Zeit nicht mehr ganz so schön aussehen, technisch überholt sind oder ganz einfach unmodern werden, ist relativ normal. Dessen sollte man sich bewusst sein. Denn alles, was wir kaufen, kostet Geld. Und alles, was wir wegwerfen, hat einmal unser Geld gekostet.

Langfristig Gerümpel zu vermeiden bedeutet, nur noch gezielt und sehr bewusst Anschaffungen zu tätigen. Aus Steuergründen werden Jahr für Jahr Dinge gekauft, die im Nachhinein brachliegen. Es werden aus abschreibungstechnischen Gründen Maschinen und Geräte angeschafft, die überhaupt nicht ausgelastet sind. Gerümpel zu vermeiden bedeutet, sich bereits vor dem Kauf Gedanken über den Sinn und Zweck der Anschaffung zu machen und sich beim Kauf eher für weniger und dafür qualitativ Hochwertiges zu entscheiden. Vielleicht gibt es auch ganz andere Alternativen zu einem Kauf? Also stellen Sie sich vorweg folgende Fragen:

- Wird das Produkt wirklich gebraucht? Besteht ein Bedarf?
- Erleichtert es die Arbeit und das Leben?
- Bringt es mir mehr Ärger, mehr Spaß oder mehr Lebensqualität?
- Welche Konsequenzen zieht es nach sich?
- Welches alte Teil fliegt dafür raus?
- Ist das Produkt langlebig?
- Gefällt es mir?
- Gibt es Alternativen zum Kauf?

Mit Verstand kaufen

Manche Dinge werden vorschnell und manche sogar doppelt angeschafft, ohne dass der wirkliche Nutzen abgeklärt ist. Besteht im Unternehmen ein wirklicher Bedarf an dieser Anschaffung? Wird das Produkt wirklich gebraucht? Diese Fragen sollte man sich sowohl bei größeren Investitionen als auch bei jeder Kleinigkeit, wie beispielsweise einem Klebestift, stellen. Denn oft geht es den Verbrauchsgütern wie der Senftube: Es wird mehr weggeworfen, als man tatsächlich verbraucht. Die Frage nach der Notwendigkeit des Kaufs setzt eine genaue Analyse der Arbeitsabläufe voraus. Der eine etwa braucht einen Tischrechner, der andere, der fast der gleichen Tätigkeit nachgeht, braucht keinen, da er den Rechner im PC benutzt.

Gerade im Büro finden sich jede Menge technischer Spielereien, wie beispielsweise der Tesa-Abroller mit integriertem Hefter in Form eines Elefanten. Diese verspielten Gerätschaften funktionieren meistens nicht richtig und schaffen mehr Ärger als Nutzen. Eigentlich sollten sie Zeit einsparen, aber in Wirklichkeit rauben sie uns Zeit. Andere Dinge kosten uns durch ihre Anschaffung viel Geld und Zeit, die sich vielleicht irgendwann einmal amortisieren. Aber grundsätzlich sollten die Dinge doch unsere Arbeit erleichtern und sie nicht noch komplizierter machen!

Insofern ist die Frage nach der Arbeitserleichterung bei den elektronischen Produkten oft mit »Nein, vorerst nicht« zu beantworten. Erst nach einer gewissen Einarbeitungszeit beherrscht man die Geräte. Sie binden Zeit und Energie und ziehen somit Konsequenzen nach sich. Egal wie diese aussehen, sie müssen einfach nur berücksichtigt werden. Maschinen verschleißen, brauchen Wartung, bringen Reparatur- und Folgekosten mit sich. Manche Geräte zwingen zu Folgekäufen: Der neue Drucker braucht einen Tisch, er passt nicht mehr wie der alte ins Regal. Die Dinge wollen in Schränken verstaut sein, und auch die nehmen Platz ein. Die Räume werden zu klein, Gebäude müssen vergrößert werden. Dies muss vor dem Kauf in den Preis mit einkalkuliert werden, damit die Kosten in Relation zum tatsächlichen Nutzen gesetzt werden können.

Tausche Alt gegen Neu

Kein Kauf bleibt ohne Folgen: Jedes Ding nimmt Platz weg. Um das Gleichgewicht der Dinge zu erhalten und nicht bereits Gerümpel von morgen zu kaufen, sollte bereits hier klar sein, welches alte Teil das Unternehmen verlässt, bevor man ein neues kauft. Nur so kann die Balance zwischen Alt und Neu gehalten und somit die Gefahr aufgehalten werden, dass man in Zukunft in der Flut der Dinge erstickt. Sich selbst vor dem Zuviel zu schützen bedeutet in der Praxis auch, dass kein neuer Stauraum in Form von Schränken mehr zugelassen wird. Denn Stauraum zieht Gerümpel nach sich. Das Problem wird durch neue Räumlichkeiten nicht gelöst, der Ballast nimmt nur zu und verlagert das Problem zeitlich nach hinten. In einigen Jahren braucht man wieder neue Räume, und so setzt sich das Spiel unendlich fort!

Die Regeln, die für uns selbst gelten, gelten natürlich auch für die Mitarbeiter. Was diese an neuen Dingen brauchen, und ob sie es überhaupt brauchen, erledigt sich damit oft von allein. Wenn man für etwas Neues erst Platz machen soll, indem man etwas Altes hergibt, ist es lange nicht mehr so interessant, sich dem Neuen zuzuwenden. Denn das Hergeben ist mit Widerstand verbunden, dagegen wehrt man sich zunächst. Ist das Neue jedoch besonders wichtig, so lässt sich dafür sicher auch etwas Altes finden, das dafür das Feld räumt.

Qualitätsprodukte

Produkte, die langlebig sind, haben einen hohen Gebrauchswert. Sie funktionieren einwandfrei, und sollten sie das einmal nicht tun, so lassen sie sich reparieren. Gerade die Frage der Wartung und des Kundendienstes sollte als Teil der Produktqualität begriffen werden. Nur so kann man Gerümpel vermeiden! Ideal wäre, wenn sich ein Gerät entsprechend den neuen technischen Möglichkeiten aufrüsten ließe. Die Aufrüstung der Speicherkapazitäten bei PCs oder die Installation neuer Betriebssysteme etwa fiele darunter.

Viele Dinge sind quasi bereits beim Verlassen des Geschäfts technisch überholt. Neben der Langlebigkeit von Produkten und der Verwendung von ökologisch unbedenklichen Stoffen in der Produktion sollte das Augenmerk auch ihrer Recyclefähigkeit gelten. Was passiert mit Ihrem defekten Bürostuhl? Ist er Sondermüll oder lässt er sich sortenrein bei der Entsorgung trennen? Achten Sie darauf, dass Sie nicht den Sondermüll von morgen kaufen und bei einer späteren Entsorgung noch dafür bezahlen müssen. Wird das alte Modell vom Hersteller beim Kauf eines neuen abgeholt und fachmännisch entsorgt oder recycelt? Auch das kann ein Kaufargument sein.

Nicht zuletzt sollte man sich die Frage stellen, ob dieses gute Stück »schön« altert oder ob es im Laufe des Gebrauchs immer unansehnlicher wird. Weiße Kunststoffoberflächen, die durch Lichteinfall im Laufe der Zeit vergilben, verleihen einem Tisch schnell einen schmuddeligen Charakter. Hingegen wird das Leder eines hochwertigen Bürostuhls im Laufe der Jahre eher weicher und noch schöner. Also sollte man sich beim Kauf eines langlebigen Produkts die Frage nach den möglichen Gebrauchsspuren stellen. Wie wird das Teil in einigen Jahren aussehen? Möchte man es dann immer noch gern ansehen oder trennt man sich von ihm, obwohl es vielleicht noch funktioniert?

Schöne Dinge leben länger

Das, was wir kaufen, sollte natürlich funktional sein, aber es sollte uns auch gefallen. Denn wenn es das nicht tut, vernachlässigen wir es. Die Dinge, die wir nicht mögen, pflegen wir lange nicht so intensiv wie die anderen. Wir arbeiten viel lieber mit gut funktionierenden und schönen Geräten als mit hässlichen. Darum sollte man sich neben der Funktion auch die Frage nach der Ästhetik stellen. Denn schöne Dinge leben länger – gute Qualität natürlich vorausgesetzt. Der Begriff des Schönen soll an dieser Stelle nicht diskutiert werden. Hier zählt einzig und allein, was Sie selbst für sich als schön definieren, also was Ihnen entspricht. Dinge nicht nur unter funktionalen Gesichtspunkten zu kaufen heißt, ihnen die angemessene Bedeutung für das Unternehmen zuzugestehen. Gerade, wenn uns die Arbeit Spaß machen soll, müssen die Dinge, mit denen wir uns umgeben, auch einen hohen ästhetischen Nutzen haben. Denn wenn etwas nicht passt, unser Auge stört, dann ärgert uns das. Und Ärger fördert nicht gerade die Produktivität.

Gibt es Alternativen zum Kauf?

Muss man denn immer alles selbst besitzen? Jede Maschine nimmt teuren Raum ein, jeder Gegenstand braucht Stauraum. Gerade die Dinge, die man nur sporadisch braucht, kann man sich oft besser mieten. Das beginnt bei Reinigungsgeräten und endet beim Lieferwagen oder Luxusschlitten. Muss ich, nur weil ich ab und zu repräsentieren oder neue Kunden beeindrucken will, das ganze Jahr über einen teuren Wagen fahren? Oder genügt es, wenn ich mir für entsprechende Termine einen Wagen miete?

Sich vor jedem Kauf zu fragen »Brauche ich dich tagtäglich oder nur sporadisch?« hilft gegen unnötigen Ballast. Dass man vor dem Opernball lieber zum Frackverleih geht als zum Herrenausstatter, ist schon fast normal. Ebenso leiht man sich in der Freizeit Sportgeräte aus. So bekommt man immer die neuesten Modelle und ist entlastet bei Transport, Aufbewahrung und Wartung.

Fragen Sie sich bei jedem Ding vor dem Kauf:
- Brauche ich es wirklich?
- Erleichtert es meine Arbeit und mein Leben?
- Bringt es mir mehr Ärger, mehr Spaß oder mehr Lebensqualität?
- Welche Konsequenzen zieht es nach sich?
- Von welchem alten Teil trenne ich mich dafür?
- Ist das Produkt langlebig?
- Gefällt es mir?
- Gibt es Alternativen zum Kauf?

14. Die magische Wirkung der Ordnung

Was verstehen Sie persönlich unter Ordnung? Wie sieht diese bei Ihnen aus? Und wie definieren Sie Unordnung?

Genauso wie das Chaos wiederum Chaos anzieht, wirkt das Gesetz der Resonanz bei Ordnung: Dieser äußere Zustand macht sich sofort im Raum bemerkbar. Es entsteht der Eindruck von Ruhe und Gelassenheit. Die äußere Ordnung zieht innere Ordnung nach sich. »Ich habe keine Zeit aufzuräumen, weil so viele dringende Dinge auf dem Schreibtisch liegen«, höre ich immer wieder. Aber nur eine ins Aufräumen investierte Stunde lohnt sich. Die Gedanken können kommen, weil man ihnen auch räumlich Platz gemacht hat. Wenn ich nach meinen Reisen in mein aufgeräumtes Büro zurückkehre, strahlt es eine Atmosphäre von Ruhe aus. Ein fast leerer Schreibtisch erzeugt in mir das Gefühl, dass ich meine Arbeit im Griff habe und diese zu schaffen ist.

Äußere Ordnung wirkt nach innen

Die wohl wichtigste Strategie zur Vermeidung von neuem Durcheinander und neuem Gerümpel ist das tägliche Aufräumen. Es führt kein Weg daran vorbei, wenn man seinen Laden im Griff haben will. Das Chaos wird sich breit machen, wenn Sie ihm nichts entgegensetzen, es nicht kontrollieren. Sie werden sehen: Dem äußeren aufgeräumten Zustand folgt der innere nach! Sie werden gelassener, weniger gehetzt, souveräner. Sie haben zunächst nur das Gefühl, die Dinge unter Kontrolle zu haben, und erst später folgt die Gewissheit! Die äußere Ordnung ist die Voraussetzung für die innere. Und innerlich Ordnung zu schaffen heißt, gedankliche Strukturen, die für andere nachvollziehbar sind, wiederum nach außen zu tragen. Sollte Ihnen die Strukturierung Ihrer Arbeit oder Ihrer Gedanken schwer fallen, sollten Sie jede Menge Ideen, aber keine Energie zur Realisierung haben, dann räumen Sie zunächst im Außen auf.

Ordnung ist Ansichtssache

Zunächst gibt es keine DIN-Normen für das, was Ordnung bedeutet. Vielleicht die Abwesenheit von Unordnung? So könnte man sich einer Definition nähern. Was jeder Einzelne von uns als ordentlich empfindet, hat nichts mit dem tatsächlich sichtbaren äußeren Zustand zu tun. Ordnung und was wir dafür halten hängt von unserer ganz individuellen Wahrnehmung und unserer eigenen Auffassung von Ordnung ab.

Wenn uns eine Umgebung mehr oder weniger bekannt vorkommt, weil wir vielleicht ähnlich leben oder uns stilistisch ähnlich einrichten, dann nehmen wir diese Umgebung eher als ordentlich wahr, obwohl dort vielleicht nicht aufgeräumt ist. Darum sind unordentlich lebende Menschen auch der Unordnung anderer gegenüber wesentlich weniger empfindlich. Unbekannte Strukturen, die wir nicht sofort »durchschauen«, wie beispielsweise bestimmte Fertigungsbetriebe oder Konstruktionsbüros mit herumliegenden Zeichnungen, würden uns dagegen zunächst unaufgeräumt vorkommen.

Erst wenn wir uns mit der Arbeit vertraut machen und die Strukturen verstehen, erschließt sich uns das scheinbare Wirrwarr. Ähnlich ist es mit vielen anderen Bereichen des Lebens: Wer sich nicht mit Malerei auskennt, für den ist ein abstraktes Bild nur ein wirres »Gekleckseل«. Wer die Zutaten der chinesischen Küche nicht kennt, für den ist das Gericht auf dem Teller ein wildes Durcheinander. Wer selbst im Chaos lebt oder arbeitet, für den ist die Unordnung in anderen Büros durchaus Normalität.

Ordnung lässt sich gestalten

Neben der subjektiv recht unterschiedlichen Empfindung und Interpretation von dem, was Ordnung sein kann, gibt es aber auch gewisse Merkmale und Strukturen, die fast jeder Mensch mit »ordentlich« assoziiert. Versuchen Sie es einmal selbst: Macht Ihr Schreibtisch einen chaotischen Eindruck? Liegt alles kreuz und quer herum? Dann richten Sie die Stapel und Papiere doch einmal parallel zu den Schreibtischkanten aus. Alles, was gerade liegt, macht gleich einen viel geordneteren Eindruck. Richten Sie die Lehnen der Stühle an Ihrem Besprechungstisch an der Tischkante aus, und schon wirkt auch dieser Raum wesentlich aufgeräumter.

Stehen Pappkartons auch nur vorübergehend im Flur, so wirkt es weniger chaotisch, wenn sie parallel zur Wand und zueinander aufgestellt sind. In die Unordnung noch eine gewisse Struktur und Linie bringen ist das Geheimnis eines »übersichtlichen« Chaos. Der »Parallel-Trick« klappt ebenso bei Schuhen, die im Flur herumstehen, als auch beim Aufräumen von Werk- und Schreibtischen.

Sie werden merken, dass Sie, wenn Sie »Linie« in das Durcheinander bringen wollen, die Dinge, die aufeinander liegen, voneinander trennen müssen. Der Stapel Papier lässt sich noch ordentlich ausrichten, nicht aber, wenn sich zwischen den einzelnen Blättern noch Schlüssel, Computerkabel und anderer Schnickschnack verbirgt. Solchermaßen visuelle Ordnung zu schaffen ist insofern für ganz besondere Chaoten schon einmal ein Anfang! Dinge zu vergraben, also wahllos das, was den ganzen Tag über ins Büro kommt, aufeinander zu stapeln, führt ins Chaos. Wenn Sie schon stapeln, dann bitte nur »sortenrein«: Papier zu Papier, Disketten zu Disketten. So lässt sich das schlimmste Durcheinander im Ansatz vermeiden.

Was in der Horizontalen gilt, hat auch bei vertikalen Flächen Gültigkeit: Buchrücken, die gerade, das heißt im rechten Winkel, zum Regalbrett stehen, lassen ein offenes Regal ruhiger erscheinen; Bücherstützen helfen dabei. Jetzt können Sie noch die Ordner- oder Bücherrücken in eine Linie bringen, diejenigen, die tiefer im Regal stehen, etwas herausziehen – und das Bild ist perfekt! Nichts sieht insgesamt chaotischer aus als ein offenes Regal, in dem alles kreuz und quer steht. Sollte Ihnen das zu viel Arbeit machen, so tauschen Sie die offenen Regale gegen geschlossene Bücherschränke aus, deren Schranktüren Sie immer geschlossen halten. Bei Glastüren jedoch ist auch hier für sichtbare Ordnung zu sorgen.

Ein weiteres Merkmal von Ordnung ist, wenn man einen Raum betritt, der Durchblick bis ans Ende des Raumes. Ist er verwehrt, so sieht er überladen aus. Gehen Sie zu Ihrer Tür und betreten Sie den Raum von außen. Was sieht man als Erstes, wenn man den Raum betritt, woran bleibt der Blick hängen? Was irritiert oder blockiert ihn? Machen Sie vom Eingang aus Fotos, um aus einer gewissen Distanz Ihren eigenen Raum beurteilen zu können.

Zum Durchblick gehört auch, dass der Blick auf und über den Fußboden möglich ist. Wenn auf diesem nichts steht außer den Möbeln, wirkt selbst ein nicht optimal gestalteter Raum ordentlicher und ruhiger. Also räumen Sie alles vom Fußboden weg, was dort nicht hingehört. Taschen, Materialmuster, Pappkartons, Tüten und Flaschen haben dort nichts zu suchen.

Die einfachste Möglichkeit, um das alltägliche Chaos unter Kontrolle zu bekommen, ist übrigens, möglichst wenig zu besitzen. Dann hält sich auch das Aufräumen in Grenzen. Denn je mehr Dinge sich in Ihrem Besitz befinden, desto mehr Aufwand müssen Sie betreiben, um sie zu suchen, aufzuräumen, zu pflegen und irgendwann zu entsorgen.

Sauberkeit und Pflege

Sauberkeit und Ordnung können unabhängig voneinander bestehen. Sie müssen streng genommen gar nichts miteinander zu tun haben. Ein peinlich geputzter Raum, in dem selbst der herumstehende Nippes sauber ist, kann dennoch vollkommen unordentlich aussehen. Auf der anderen Seite kann ein ordentlich aufgeräumtes Büro, obwohl lange nicht gereinigt, auf den ersten Blick nach außen hin absolut sauber erscheinen. Insofern sollte einer Reinigung zunächst immer eine Aufräumaktion vorausgehen. Ein aufgeräumter Raum, in dem möglichst wenig herumliegt, lässt sich zudem technisch und zeitlich mit weitaus weniger Aufwand sauber halten.

Räume zu reinigen und die Dinge zu pflegen bedeutet, ihnen Aufmerksamkeit und somit Energien zukommen zu lassen, sie wertzuschätzen und nicht zu vernachlässigen. Die Dinge, die wir mögen, pflegen wir gern. Pflege bedeutet, die Dinge nicht zu vernachlässigen, auch die defekten Objekte reparieren zu lassen und die in die Jahre gekommenen Gegenstände zu ersetzen.

Das wohl am meisten gehätschelte Objekt der Deutschen ist das Auto. Zu ihm haben besonders Männer ein emotionales Verhältnis. Wenn sie dieses Verhältnis auch zu ihrem Arbeitsplatz haben, werden sie ihn entsprechend schätzen und pflegen. Ich frage meine männlichen Kunden meist nach der Marke ihres Autos, um ihnen die Relationen zu ihrem Büro bildlich vor Augen zu führen. Steht ein Porsche in der Garage und besteht die Einrichtung des Büros quasi aus Sperrmüll, dann wird hier ein Bruch in der eigenen Wertschätzung deutlich.

- Ordnung und was wir dafür halten hängt ganz von unserer individuellen Wahrnehmung und unserer eigenen Auffassung von Ordnung ab.
- Alles, was parallel oder im rechten Winkel zueinander liegt, macht einen geordneten Eindruck.
- Ein weiteres Merkmal von Ordnung ist der Durchblick bis ans Ende des Raumes.
- Erst äußere Ordnung kann innere Ordnung nach sich ziehen.

15. Tipps und Tricks für Chaoten

Welche persönlichen Tricks haben Sie, um Ihr Unternehmen in den Griff zu bekommen oder wenigstens diesen Eindruck zu erwecken?

Für unordentliche Chaoten, die täglich mit ihrer Dingwelt kämpfen, gibt es nur eine Chance, nicht im Gerümpel zu ersticken: Halten Sie Ihren Besitz an Dingen so klein wie möglich und entrümpeln Sie ständig! Setzen Sie sich vor allem nicht selbst unter Druck: Sie müssen ja nicht superordentlich werden, sollten jedoch ein paar Tricks beherrschen, um Ordnung wenigstens »vorzutäuschen«. Und wenn Sie dann so langsam Gefallen an Ihrer aufgeräumten Umgebung finden – wer weiß, vielleicht wird dann doch noch ein ordentlicher Mensch aus Ihnen?

- Entschuldigen Sie sich niemals bei Besuchern mit »Bei mir ist gerade nicht aufgeräumt«! Das lenkt den Blick des Betrachters erst auf Ihr Chaos.
- Lenken Sie vom Chaos ab. Stellen Sie beispielsweise in der Ecke diagonal gegenüber dem Eingang ein schönes Objekt oder eine schöne Pflanze auf. Oder lenken Sie den Blick auf ein schönes Bild an der Wand gegenüber dem Eingang.
- Lassen Sie nichts, aber auch gar nichts auf dem Boden herumliegen: keine Zeitungen, keine Schuhe. Ein leerer Fußboden lässt den Raum generell aufgeräumter erscheinen.
- Wenn schon Dinge auf dem Boden stehen müssen, dann richten Sie sie im rechten Winkel oder parallel zur Wand aus.
- Wenn Kisten oder Kartons den Boden bedecken, dann gruppieren Sie sie und lassen lieber an anderer Stelle freie Flächen.
- Die auf dem Schreibtisch herumliegenden Papiere, Akten und Dinge sollten Sie im rechten Winkel zu den Tischkanten ausrichten.
- Räumen Sie abends den Schreibtisch auf.

- Die Flächen oben auf Schränken und Regalen sind für die Ablage tabu.
- Lassen Sie die Nischen zwischen den Möbeln frei.
- Benutzen Sie keine transparenten, sondern nur rundum geschlossene Papierkörbe und leeren Sie diese täglich.
- Stellen Sie in offenen Regalen Bücher und Ordner aufrecht hin und richten Sie die Rücken nebeneinander in einer geraden Linie aus.
- Wählen Sie alle Ordner einheitlich in einer Farbe und beschriften Sie die Ordnerrücken gleichmäßig.
- Offenen Bücherregalen sollten Sie geschlossene Schränke mit ruhigen Fronten vorziehen.
- Vorhänge und Polsterstoffe sollten keine »lauten« Muster haben, sondern möglichst einfarbig sein. Gemustertes wirkt unruhig, ein Mustermix sollte daher völlig vermieden werden.
- Halten Sie die Anzahl der Dinge in Ihrem Raum so klein wie möglich.

16. Erfolg ist planbar

Handeln Sie beruflich eher intuitiv oder rational? Sind Sie bei der Sache oder erledigen Sie oft mehrere Dinge gleichzeitig?

In unserer westlichen Kultur hat der Begriff des Loslassens nicht die zentrale Bedeutung wie in der chinesischen Philosophie des Taoismus. Dort wird das Loslassen als eine Voraussetzung für ein sinnvolles Leben aufgefasst. Der Taoismus geht davon aus, dass es eine Macht gibt, eine Kraft des Universums, die in unser Leben hineinwirkt.

Tao oder die Mühelosigkeit des Erfolgs

Das chinesische Schriftzeichen für Tao ist zusammengesetzt aus den Zeichen für »Kopf« und für »Gehen«. Dieses Bild zeigt, dass es um Bewegung und um den Menschen geht. Daher wird Tao zum einen mit »Sinn«, zum anderen mit »Weg« übersetzt und als bewusstes Gehen oder bewusster Weg interpretiert. Es steht für eine bestimmte menschliche Haltung dem Leben gegenüber und ist eng verbunden mit der Natur und dem Wesen des Menschen. Der Taoismus basiert auf Naturbeobachtungen und geht davon aus, dass der Mensch glücklich wird, wenn er der natürlichen Ordnung folgt, spontan handelt und seinem intuitiven Wissen vertraut.

In der Natur läuft alles in Zyklen des Kommens und Gehens ab. Dem Tag folgt die Nacht, der Ebbe die Flut, dem Winter der Frühling. Es gibt in der Natur keine Stagnation, alles ist im Fluss, und alles wandelt sich. Sich gegen diese Wandlung zu stellen hieße, gegen den Fluss des Lebens zu schwimmen. Es gibt keine Gegensätze, nur zwei Seiten ein und derselben Medaille: Yin und Yang. Diese beiden Hälften ergeben zusammen ein Ganzes, in dem das eine nicht ohne das andere existieren kann: Ohne Leid gäbe es keine Freude. Und dieses dynamische System zweier archetypischer Kräfte, das Urprinzip des

Universums, steht für die zyklische Bewegung der kosmischen Polaritäten.

Tao ist seiner Lebenseinstellung und Haltung nach von Natur aus positiv. Es geht nicht um das Warum im Leben wie in der westlichen Welt, sondern eher um das Wie. Es geht darum, wie sich die Dinge ereignen, wie sie funktionieren, wie sie ihre Wirkung ausüben. Man sollte erst gar nicht versuchen, das Tao verstehen zu lernen. Unter der Voraussetzung, dass man offen ist, kann man es vielleicht intuitiv »erfahren« – wie überhaupt im Taoismus der menschlichen Intuition mehr zugetraut wird als dem menschlichen Verstand.

Erfolg ist Haltung

Vom Blickwinkel des Taoismus aus betrachtet hat Erfolg immer etwas mit Loslassen zu tun. Wer keine alten Muster loslässt, kann auch keine neuen Erfahrungen machen, wer sein altes Gerümpel festhält, wird keine neuen Schätze erhalten. Im Gegensatz zu unserer westlichen Einstellung, wonach vorwiegend harte Arbeit und Leistung zum Erfolg führen, setzt man im Taoismus eher auf Leichtigkeit und Mühelosigkeit. Zusammen mit Intuition und Sensibilität sind sie die Geheimnisse des geschäftlichen wie auch privaten Erfolgs. Ohne »heitere Gelassenheit« geht gar nichts!

Problemlösungen erreicht man durch eine offene Achtsamkeit, mit der man seine Situation beobachtet. Wenn dann noch jeder Mensch bereit ist, selbst die Verantwortung für sein Handeln zu tragen, ist auch die Voraussetzung für einen menschlichen Umgang miteinander gegeben. Und nicht zuletzt helfen Klarheit im Denken und im Handeln. Die äußeren Voraussetzungen dafür sind die Klärung in der Außenwelt und das Loslassen aller belastenden Dinge.

Erfolg ist Leichtigkeit

Im Gegensatz zu unserer verbissenen Jagd nach geschäftlichen Erfolgen setzt man in den fernöstlichen Philosophien also eher auf eine innere Haltung von Gelassenheit und Ruhe. Dies drückt sich im Außen als souveränes Auftreten aus, das die wirklich erfolgreichen Persönlichkeiten auszeichnet. Man visiert sein Ziel an, spannt den Bogen und überlässt das Treffen des Ziels einer anderen Macht: »Es« trifft von ganz allein. Das funktioniert aber nur, wenn Sie vorher Ihr Ziel im Visier hatten! Das Handeln an sich ist ein müheloser Akt, der mit geringem oder gar ohne Kraftaufwand zustande kommt. »Es« handelt quasi von allein. Dieses Allein-Handeln wird Wu Wei genannt. Wu Wei ist das wahre Geheimnis der Lebenskunst Tao und bedeutet übersetzt so viel wie »Handeln durch Nichthandeln«. Hier steht Leichtigkeit im Gegensatz zum blinden Aktionismus, Mühelosigkeit contra Kraftaufwand.

Da sich alles bereits im Fluss befindet und man genau dort hinkommt, wohin man möchte, wenn man sich mit der Strömung treiben lässt, kann man getrost den Geschehnissen ihren Lauf lassen, ohne Widerstand zu leisten. Denn Widerstand erzeugt nur wieder Widerstand! Aber der Pfeil folgt der Richtung, den Sie ihm durch Ihre Energien gegeben haben. Folgen Sie den Energien und schwimmen Sie nicht gegen den Strom, dann kommen Sie leichter ans Ziel!

Erfolg ist Intuition

Für die einen sitzt die Intuition im Bauch, für die anderen im Kopf, und wieder andere stellen ihre Existenz vollkommen in Frage. Intuition ist eine Sphäre oder eine Ebene, in der alles Wissen latent existiert, es »schlummert« sozusagen nur und kann auf Abruf an die Oberfläche des menschlichen Bewusstseins gebracht werden. Die Intuition wird im Taoismus der Analyse übergeordnet. Der Mensch sollte seine Entscheidungen nicht gegen diese innere Instanz treffen. Denn sein Verstand ist begrenzt, aber seine Intuition öffnet das Unbewusste und erzeugt einen inneren Dialog. Hieraus empfängt der Mensch seine wahren Impulse, denen er vertrauen soll.

Im Alltag hören wir mehr oder weniger auf unsere innere Stimme. Manchen scheint sie ganz abhanden gekommen, aber im Prinzip ist sie nur weit unter den Ebenen des Verstandes versteckt. Jedoch misstrauen wir oft dieser Instanz. Außer bei der ersten Begegnung mit einem Menschen: Ob wir wollen oder nicht, dabei hören wir noch am ehesten auf unsere innere Stimme. Den Eindrücken von Sympathie oder Antipathie können wir uns nur selten entziehen.

Im Prinzip wüsste also jeder für sich, was er braucht und was ihm gut tut, er müsste nur seine innere Stimme fragen und auf sie hören. Soll ich mir einen neuen Job suchen? Tut mir das Zusammensein mit diesem Menschen gut? Ihre eigene Intuition, und das heißt Sie selbst, wissen im Grunde schon alles, was für Sie richtig ist!

Erfolg ist Achtsamkeit

Das Leben ganz im »Hier und Jetzt« zu leben ist eine der schwierigsten Übungen. Gedanklich sind wir schon wieder beim nächsten Termin, körperlich aber verlassen wir gerade erst das Büro. Wo wir unsere Autoschlüssel hingelegt haben? Jedes Mal die gleiche Sucherei. All dies ist ein sicheres Zeichen dafür, dass wir nicht in der Gegenwart leben. Das Tao lebt und wirkt voll in der Gegenwart, denn sie ist die einzige Wahrheit. Die Vergangenheit ist vergangen und die Zukunft noch nicht da. Wir reisen durch die Welt und fotografieren, betrachten das Jetzt durch den Fotoapparat und sehen es uns zu Hause an. Warum genießen wir die Dinge nicht an Ort und Stelle?

Achtsam zu leben heißt, dem Moment die volle Aufmerksamkeit zu schenken und mit voller körperlicher und geistiger Präsenz in der Gegenwart zu leben: Zuzuhören, wenn einer etwas sagt, und dabei nicht gedankenverloren in den Akten zu blättern oder zu telefonieren. Wir sind oft nicht mit unseren Gedanken dort, wo unser Körper ist, und versuchen immer, mehrere Dinge gleichzeitig zu erledigen. Aber genau dann passieren Fehler, genau dann übersieht man die Kleinigkeiten, die vielleicht den Ausschlag für den Erfolg einer Arbeit geben.

Wenn Sie jedoch nicht bei einer Arbeit bleiben können, sondern vieles gleichzeitig tun, haben sie einfach zu viel zu tun! Dann ist die Gefahr, sich zu verzetteln, besonders groß. Die scheinbare Zeitersparnis rechnet sich nicht, da man nachher wieder Zeit braucht, um die Fehler zu korrigieren. Wer nicht voll im Hier und Jetzt leben kann, hat einfach zu viel zu tun und muss sich von irgendetwas verabschieden!

Sich voll und ganz auf eine Tätigkeit zu konzentrieren – und sei sie noch so banal – heißt zu erkennen, was wirklich geschieht, und sich Zeit für ruhige Betrachtung zu nehmen: voll konzentriert Briefmarken einzukleben oder sich einem Entwurf zu widmen. Es ist nicht so wichtig, was man tut, sondern wie man es tut. Wenn dies mit ganzer Aufmerksamkeit geschieht, kommt es der Qualität der Arbeit und auch der eigenen Einstellung zu ihr zugute. Und das wiederum fördert nicht nur zwischenmenschliche Beziehungen, sondern schult auch unsere Sensibilität.

Probleme können, laut dem Taoismus, nicht mit dem Intellekt gelöst werden. Tröstlich ist, dass sie sich durch das ganz genaue Betrachten von allein lösen. Man schaut sich das Problem distanziert an: Aha, ich habe das und das Problem. Dann übergibt man die Aufgabe zur Lösung an die höhere Instanz des Tao. Bereits dadurch, dass man sich das Problem ganz genau angesehen und ihm seine Aufmerksamkeit geschenkt hat, werden sich die Dinge verändern.

Manche Probleme aber lassen sich nicht verändern. Sie bekommen mitten in der Nacht Hunger, haben aber nichts zu essen zu Hause? Dann gibt es zwei Möglichkeiten: Sie lösen das Problem »Hunger«, indem Sie zur Tankstelle fahren oder sich eine Pizza liefern lassen, oder Sie nehmen den Hunger zur Kenntnis und ignorieren ihn dann. Wenn Sie sich aber die halbe Nacht Gedanken über Ihren Hunger machen, dann wird er nur größer und größer, und Sie bringen sich um den Schlaf.

Die meisten Probleme entstehen dadurch, dass sich anscheinend die anderen nicht verändern wollen: »Wenn er nur aufhören würde zu rauchen«, »wenn sie mich nur lieben würde«, »wenn er mir nur zuhören würde«. Die Grundlage für Veränderungen jeglicher Art wird im Taoismus im Einzelnen selbst gesehen. Nicht der andere, sondern man selbst muss sich verändern, dann tut sich auch etwas beim anderen. Auch für den Umgang mit den eigenen Altlasten weiß der Taoismus Rat: »Willst du das Geschehen der Welt verändern, dann bringe zunächst Ordnung ins eigene Leben.«

Erfolg ist Verantwortung

Wie oft hört man »Scheinalibis« für den eigenen Misserfolg wie: »Wenn mein Chef nicht gegen mich wäre, hätte ich schon längst Karriere gemacht« oder »Wenn ich nicht schwanger geworden wäre, hätte ich jetzt einen Hochschulabschluss«. Die Liste lässt sich beliebig verlängern. Immer tragen die anderen die Schuld, dass es so gekommen ist, wie es jetzt ist. Die anderen sind immer unordentlicher, die Chaoten sind immer die anderen.

Die Verantwortung für das eigene Leben voll und ganz selbst zu übernehmen, sowohl auf der privaten als auch auf der geschäftlichen Ebene, ist für viele eine harte Übung. Denn plötzlich sind keine Sündenböcke mehr da, auf die man alles schieben kann. Sie haben einen unerträglichen Job? Sie können Ihr Leben jederzeit, von heute auf morgen, verändern. Ach nein? Sie können sich nicht selbstständig machen, weil Sie zu alt oder zu jung sind, Ihre Kinder noch zu klein, Ihr Mann nicht genug verdient? Dann eben nicht! Dann übernehmen Sie wenigstens die Verantwortung und sagen Sie: »Weil ich mich nicht traue, weil ich keine Lust habe, weil ich nicht will.« Das fühlt sich ehrlicher an und wird Sie erleichtern. Sie müssen es ja nicht tun. Aber wenn Sie es wirklich wollen, dann findet sich für alles ein Weg! In Wirklichkeit ist man nämlich selbst die größte Blockade für das eigene Leben: Man stellt sich selbst ein Bein und findet die besten Ausreden, nur um sich nicht verändern, aufstehen oder bewegen zu müssen.

Erfolg ist Klarheit

Der Satz »Das will ich nicht« ist der erste Schritt zur Klarheit, auch wenn Sie noch nicht genau wissen, was Sie eigentlich wollen. Die Klarheit über das, was keinen Platz (mehr) in Ihrem Leben hat, kann ein Anfang sein. Der Klärung im Außen wird die Klärung im Innern folgen oder umgekehrt.

Bei einem »aufgeräumten« Innenleben ist jedes Ding, jeder Mensch an seinem Platz. Gehen Sie in Gedanken die Plätze der Menschen durch, die Teil Ihres Innenlebens sind: Steht dort jeder, wo er soll, oder geistert einer hin und her, stört, hat eigentlich keinen festen Platz? Dann räumen Sie auf! Eine innere Klarheit, eine Linie kommt auch den Menschen zugute, mit denen man Tag für Tag zu tun hat. Sie im »Unklaren« zu lassen, kann nicht zu einer erfolgreichen Beziehung führen. Auch hier ist also Klarheit die erste Voraussetzung für Erfolg. Und was Erfolg für Sie ganz persönlich bedeutet, bestimmen Sie selbst! Wie auch immer er sich für Sie gestalten soll:

Klarheit im Sinne von Klärung Ihrer eigenen Ziele und Absichten ist dafür unumgänglich.

Erfolg heißt Loslassen

Loslassen heißt Neues zulassen. Es ist zunächst einmal menschlich, sich vor Neuem zu fürchten. Das ist mehr oder weniger ein Reflex. Wollen wir jedoch Neues zulassen, so müssen wir gegen diesen das Alte bewahrenden Reflex ankämpfen. Aber wenn Sie es erst einmal tun, werden Sie sehen: Das Loslassen ist ein magischer Prozess, der etwas nach sich zieht – was auch immer es sei. Ein neuer Job kommt nach, wenn der alte losgelassen wird, wenn der verklärende Gedanke »Wie war es denn so schön im alten Leben« losgelassen wird und man bewusst Platz macht für Neues. Wenn man aber gedanklich die alte Situation immer noch festhält, obwohl man sie schon los ist, dann hat man noch nicht losgelassen. Denn das Gehirn erzeugt Bilder, kann aber zwischen echt und unecht nicht unterscheiden. Wenn immer noch an das Alte gedacht wird, ist diese Energie folglich auch immer noch vorhanden.

Falls Sie sich mit dem Gedanken an eine Veränderung tragen, führt kein Weg daran vorbei: Erst wenn man Altes loslässt, wird sich Neues zeigen. Dieses Loslassen des alten Jobs kann hier auch bereits durch eine »innere Kündigung« erfolgen. Erst wenn man sich vom alten Partner getrennt hat, ist man wirklich frei für einen neuen. Erst wenn man diesen einen Mitarbeiter entlassen hat, kann ein noch besserer nachfolgen. Erst wenn ich das loslasse, was ich bin, werde ich zu dem, was ich sein könnte. Wenn ich meinen Besitz nicht länger festhalte, erhalte ich das, was ich brauche. Der Mensch erhält das, was er braucht, wenn er es formuliert und dann loslässt, und nicht, wenn er ihm wie besessen nachrennt. »Das, was ich jage, flieht vor mir, und das, was ich loslasse, folgt mir nach«: Dies ist die Weisheit des Taoismus.

Erfolg ist Gestaltung

Jeder Mensch kann sein Leben jederzeit neu gestalten, wenn er sich dazu entschließt. Sie können morgen kündigen und übermorgen auswandern: Wenn Sie es wirklich wollen, wird sich ein Weg finden. Der einzige Haken daran ist, dass nur Sie allein es tun können! Ebenso können Sie von heute auf morgen Ihre Haltung verändern und die daraus entstehenden Konsequenzen tragen. »Ich würde schon gern, aber meine Mitarbeiter werden sich wundern, wenn ich plötzlich das und das verändere.« Woher wollen Sie wissen, wie wer reagiert? Vielleicht kommt diese Veränderung auch anderen sehr gelegen? Oft sind »die anderen« nur eine Entschuldigung für die eigene fehlende Initiative. Das Entrümpeln kann der erste Auslöser sein, um alte, überkommene Muster und Haltungen aufzugeben und sich für Neues zu öffnen.

Das äußere Erscheinungsbild – und dazu zählt natürlich auch die räumliche Gestaltung – ist ein probates Mittel, um die Unternehmensphilosophie auszudrücken. Die Ziele, die Absichten, die Inhalte des Unternehmens werden damit nach innen wie auch nach außen transportiert. Die Mitarbeiter identifizieren sich über den Führungsstil und die Gestaltung mit ihrem Unternehmen. Wenn dessen Absichten nicht klar sind, so bleibt das dem Kunden wie auch dem Mitarbeiter nicht verborgen. Einer guten Gestaltung geht also Klarheit voraus.

Falls es hier Probleme gibt, da beispielsweise mehrere Gesellschafter unterschiedlicher Meinung sind und noch keine Klarheit über Linie und Kurs des Unternehmens besteht, empfehle ich zusammen mit dieser inhaltlichen Klärung als erste gestalterische Maßnahme ein Space-Clearing. Manchmal geht ein Space-Clearing einer innerbetrieblichen Klärung sogar voran und erleichtert diese. Vielleicht ergibt sich der Rest dann wie von selbst! Denn auch Klarheit im Äußeren zieht innere Klarheit an. Und in welche Richtung auch immer der Ballon fliegen soll, er hebt besser ab ohne den alten Ballast!

Verantwortung für Gestaltung übernehmen

Landläufig wird Gestaltung mit dem »schönen Schein« und nicht unbedingt mit Notwendigkeit assoziiert: »Wenn noch Geld übrig ist, können wir ja mal sehen.« Für Unternehmen, die die Bedeutung einer guten Gestaltung begriffen haben, ist dagegen klar, dass sie ein ständiger Prozess ist. Ebenso wie andere Maßnahmen, etwa Fortbildung, ist sie ein Teil des betrieblichen Alltags. Wenn nur bei Umbau oder Einzug ein Auge auf das Erscheinungsbild geworfen wird, so ist das zu wenig. Denn darüber hinaus gestaltet sich ein Unternehmen selbst: Ähnlich wie ein Garten, den man nach Besuch des Gärtners einige Monate in Ruhe lässt, »wächst« ein Unternehmen ohne Pflege von allein zu. Das Unkraut wuchert auch hier.

Jeder Mitarbeiter gestaltet ununterbrochen seine Umgebung und somit auch sein Unternehmen, dekoriert sein Büro, stellt vielleicht Blumen auf oder hängt etwas an die Wand. Ein unordentlicher Mitarbeiter »gestaltet« vielleicht eher dadurch, dass er alles herumliegen lässt. Kleine Defekte werden übersehen und summieren sich im Laufe der Wochen zu Schlampereien, die dann nur noch dem Besucher von außen auffallen. Alte Dekorationen werden nicht entfernt und vergilben an den Wänden, und Bezugsstoffe verblassen durch Licht – um nur zwei Beispiele zu nennen.

Gestaltung ernst nehmen!

Fakt ist, dass Gestaltung Pflege erfordert. Diese kann einem internen Mitarbeiter obliegen, dessen geschulte Augen diese Veränderungen wahrnehmen. Sie können aber ebenso auch einen professionellen Gestalter von außen mit der Betreuung Ihres Unternehmens beauftragen.

Sie bringen Ihren Wagen doch auch regelmäßig in die Werkstatt zur Inspektion und unterziehen sich ärztlichen Routine-Untersuchungen, um Erkrankungen zu vermeiden. Warum gesteht man Unternehmen und Räumen keinen derartigen Check-up zu? Auch an Ihrem Unternehmen nagt der Zahn der Zeit, die Möbel veralten, Details vergammeln, das einst moderne Design setzt Patina an. Entspricht Ihr Erscheinungsbild noch dem heutigen Stand Ihres Unternehmens? Wann haben Sie zuletzt etwas verändert? Gestaltung ist und bleibt Chefsache, das kann nicht oft genug betont werden.

Ich betreue als Designerin einige Unternehmen, die ich in regelmäßigen Abständen besuche, meist dann, wenn Umplanungen vorgenommen werden oder kleine Veränderungen im Erscheinungsbild gewünscht sind. Mein regelmäßiges Kommen garantiert, dass Veränderungen, die nicht ins Erscheinungsbild passen, korrigiert werden. Der regelmäßige Blick von außen auf ein Unternehmen ist meiner Ansicht nach unerlässlich, ansonsten kann auch ein gut gestaltetes Projekt verwahrlosen.

In der Praxis bisher noch unüblich, aber durchaus denkbar wäre eine Art Wartungsvertrag zwischen Unternehmen und Gestalter. Wichtig sind hier Profis, die nicht nur dekorativ, sondern vor allem konzeptionell arbeiten und mit deren Hilfe ein Gestaltungskonzept über Jahre hinweg verfolgt wird. Professionelle Gestalter können aus der Architektur und Innenarchitektur ebenso wie aus den Designbereichen kommen. Aber Vorsicht: Der Begriff »Designer« ist gesetzlich nicht geschützt, sodass hier oft die Spreu vom Weizen getrennt werden muss. Als Auftraggeber sollten Sie also ganz genau hinschauen, wen Sie sich da für die Gestaltung Ihres Unternehmens »einkaufen«.

Im Einklang mit den unternehmerischen Zielen

Die Atmosphäre eines Raumes sollte die Unternehmensziele unterstützen, das heißt den Mitarbeitern räumlich die besten Voraussetzungen für ihre Arbeit bieten. In einer engen, schlecht beleuchteten und belüfteten Besenkammer kann kaum gute Arbeit geleistet werden. Gesetzliche Vorgaben wie einschlägige DIN-Normen und Arbeitsstättenverordnungen bilden den formalen Rahmen. Die Gestaltung eines Raumes muss sich als Nächstes dann an seiner Funktion orientieren (wobei die funktionalen Anforderungen wie Arbeitsabläufe eine gute Gestaltung nicht ausschließen).

In vielen Fällen wird die Funktion eines Raumes falsch definiert. Ein Verkaufsraum soll natürlich die Ware optimal präsentieren und den Kunden zum Verkauf animieren. Auf der anderen Seite jedoch befindet sich das Personal. Im Unterschied zum Kunden, der sich nur wenige Minuten in diesem Raum wohl fühlen sollte, muss der Mitarbeiter immerhin acht oder mehr Stunden hier verbringen. Wenn dieser, wie bereits gesehen, nicht ebenso als »Kunde« ernst genommen und in seinem Wohlbefinden unterstützt wird, so wird es hier zu Reibungen kommen. Und das Wohlbefinden der Mitarbeiter wiederum beeinflusst nicht zuletzt auch das Kundenverhalten. Insofern sind bei der Gestaltung die Bedürfnisse beider Zielgruppen zu berücksichtigen.

Oft fehlen auch Aufenthaltsräume und Garderoben; und falls es sie gibt, sind sie absolut stiefmütterlich eingerichtet. So verbringen die Mitarbeiter ihre Pausen irgendwo in Lagerräumen, für persönliche Dinge ist oft kein Platz.

Es ist nicht daran zu rütteln: Bei der Gestaltung, ja schon bei der Konzeption von Räumen muss das Wohlbefinden der Mitarbeiter als Dienstleister für die Kunden mehr in den Mittelpunkt gestellt werden. Nur so ist von Grund auf eine Identifikation mit dem Unternehmen und seinen Zielen zu erreichen. Gerümpelkammern, die als Aufenthaltsräume dienen, wirken sich über kurz oder lang genauso geschäftsschädigend aus wie Gerümpel im Kundenbereich.

Die Menschen stärken und schützen

Als Chef eines Unternehmens ist man also verpflichtet, seinen Mitarbeitern den Rücken zu stärken. Das heißt zunächst, sie und ihre Bedürfnisse ernst zu nehmen.

Der Mensch hat ein natürliches Bedürfnis nach Schutz, und dieses sollte auch am Arbeitsplatz berücksichtigt werden. Der körperliche Schutz ist zunächst dadurch gewährleistet, dass der Arbeitsplatz sicher ist, man dort also keiner Gefahr ausgesetzt ist. Überträgt man dies auf Büroräume, so befindet sich der sicherste und somit »stressfreieste« Platz in einem Raum vor einer starken Wand mit dem Blick zur Tür. Dass man die Tür gern im Blickwinkel hat, liegt daran, dass mit dem persönlichen Bedürfnis nach Schutz eng der Fluchtinstinkt zusammenhängt. Denn wenn nötig, wollen wir so schnell wie möglich den Raum verlassen können.

Die Wand, zu der man mit dem Rücken sitzt, sollte möglichst keine Tür- oder Fensteröffnungen haben, und auch offene Regale sollten dort nicht stehen. Der menschliche Rücken ist sehr sensibel, und fehlender Schutz führt zu Unsicherheit, Rückenschmerzen und allgemeinem Stress. Falls Regale hinter dem Rücken nötig sind, dann sollten sie verschließbar sein. Sonst sitzt einem die unerledigte Arbeit buchstäblich »im Nacken«, und das trägt nicht gerade zu einem gesunden Arbeitsumfeld bei. Auch altes Gerümpel oder alte Unterlagen hinter dem Rücken können wie eine Last auf den Schultern wirken. Um sich davon zu befreien, wäre es sinnvoll, alles unmittelbar hinter dem Rücken zu entfernen.

Doch nicht nur den Rücken möchte man gestärkt wissen: Der Mensch empfindet Schutz bis hinauf zum Nabel als besonders angenehm. Fehlt ihm dieser, so sorgt das für Irritationen. Steht man beispielsweise den ganzen Tag hinter einer Theke, so muss diese vom Fußboden bis zum Nabel reichen. Offene Theken, bei denen der Kunde einem gewissermaßen »unter den Rock« sehen kann, bieten keinen Schutz und erzeugen Unsicherheit. Dasselbe gilt für Schreibtische: Sind diese so gestellt, dass man von der Tür kommend direkt darunter sehen kann, so brauchen sie nach vorn hin einen Sichtschutz. Der Inhaber des Schreibtisches wird sich damit um einiges wohler fühlen.

Was für Mitarbeiter gilt, gilt natürlich auch für Chefs: Sie sollten sich so platzieren, dass sie eine starke Wand im Rücken haben. Aus falsch verstandener Bescheidenheit heraus hier auf Komfort zu verzichten bringt unternehmenstechnisch nichts. So wie Sie sich als Chef eines Unternehmens gut behandeln und für Ihr eigenes Wohlbefinden sorgen, so wird sich das auch positiv auf das Unternehmen auswirken. Denn nur wenn Sie sich selbst etwas wert sind und Ihre Mitarbeiter entsprechend wertschätzen, schaffen Sie die Voraussetzungen für unternehmerischen Erfolg.

Alles, was Sie oder Ihre Mitarbeiter stören oder schwächen könnte, muss folglich vermieden werden. Dazu zählt auch, dass man niemanden »in den Zug« setzt. Eine offene Tür von hinten, dazu noch rechts und links vorbeilaufende Kollegen führen nicht gerade dazu, dass man sich in Ruhe seiner Arbeit widmen kann. Wenn Unsicherheit und Stress bereits durch den Standort des Arbeitsplatzes erzeugt wird, so muss dieser verlegt werden. Denn sonst sind langfristig Stress und Irritationen zu erwarten, die sich negativ auf den Unternehmenserfolg auswirken dürften.

Freiräume schaffen

Schon allein durch das beseitigte Gerümpel entstehen freie Räume in Ihrem Büro. Schränke und Regale können jetzt das wirklich Wichtige aufnehmen. Wenn nichts mehr auf dem Boden herumsteht, so fühlen sich diese Räume gleich viel besser an. Freiräume als solche wahrzunehmen bedeutet aber auch, dass man sie nicht sofort wieder belegt. Denn der freie Raum lebt allein von der Leere. Ein leeres Brett in einem Regal ist Spannung zur vorherrschenden Fülle.

Um die angenehm beruhigende und inspirierende Wirkung freier Räume auch erleben zu können, empfehle ich für jeden Raum einen so genannten »Tabuplatz«. Auf diesem sollte nie und nimmer etwas abgelegt werden: Zum einen soll dieser freie Ort, wie beispielsweise ein leeres Regalbrett oder die obere Fläche eines Sideboards, als »Signal« wirken und uns auch nach erfolgtem Entrümpeln daran erinnern, dass wir tagtäglich in Gefahr sind, unsere Räume erneut zu überladen. Zum anderen schafft eine freie Fläche in einem ansonsten überladenen oder gut gefüllten Raum eine gewisse Ruhe.

Die beruhigende Wirkung von Freiräumen ist nicht nur räumlich spürbar. Das Gefühl, »mehr Luft zum Atmen« zu haben, stellt sich ein. Diese Luft wird einem etwa dann abgeschnürt, wenn der Terminkalender keine Freiräume aufweist und randvoll ist. Zeitliche Freiräume zu schaffen und diese als ernst zu nehmende »Termine« mit einzuplanen ist daher dringend notwendig.

Freiräume entstehen auch zwischen zwei Terminen oder auf dem Weg dorthin. Genießen Sie doch einfach die Freiräume, die sich beispielsweise vor Terminen ergeben. Vor meinen Vortragsveranstaltungen habe ich meistens noch etwas Zeit und nutze sie, indem ich in einer ruhigen Ecke ein Buch lese. Wann immer ich warten muss, sozusagen »Leerlauf« habe, sehe ich das nicht als tote Zeit, sondern als Erholung an. Auf einen Zug zu warten und die Gegend und die Mitreisenden zu betrachten kann entweder langweilig oder entspannend sein. Je nachdem, wie Sie sich entscheiden.

Klarheit durch Leere

Jeder Raum braucht Leere, denn sie macht den Raum aus. Der Raum ist wie eine Vase, eben nur ein Behältnis, das keine Blumen, sondern Menschen aufnimmt. Der Taoismus sagt über die Vase: »Lerne ihre innere Leere verstehen, denn sie ist es, die dem Gefäß eine Funktion gibt.« Und genau das gilt für andere Hohlkörper auch! Der Raum ist keine Schachtel, in der Möbel aufbewahrt werden. Im Raum soll der Mensch leben und arbeiten, und dazu braucht er Platz.

Erst wenn die Leere als eigenes Gestaltungselement gewürdigt wird, kann der Raum dem Menschen dienen. Denn der Raum ist nun einmal für den Menschen da. Der Mensch braucht, um sich wohl zu fühlen, einen gewissen Anteil leerer Flächen im Raum. Wie groß und wo diese sein sollen, dafür gibt es keine zahlenmäßige Definition. Man sollte, ohne blockiert zu werden, ohne sich an Kanten zu stoßen und ohne zu stolpern, gut zu seinem Schreibtisch und an seine Schränke gelangen können. Und dazu sollte sich im Fußbodenbereich noch eine freie Fläche finden, auf der am besten kein Möbelstück steht.

Leere Wände

Diese freie Fläche ist ebenso im Wandbereich nötig. Denn wenn alle Wände mit Postern, Kunst und Zetteln voll hängen, wie soll da der Mensch gedanklich zur Ruhe kommen? Pinnwände verwirren eher, als dass sie informieren. Man kann gut und gern auf sie verzichten, denn sie bringen nur Unruhe in den Raum. Gerade die Wand gegenüber der Eingangstür sollte ansprechend und ruhig gestaltet sein. Ein Blickfang in Form eines ansprechenden Fotos oder Bildes wäre hier angebracht. Diesen Blickfang braucht man auch gegenüber dem eigenen Arbeitsplatz. Dort, wo Ihr Blick hinschweift, wenn Sie von Ihrem Schreibtisch aufblicken, sollte Ihnen ein angenehmes Motiv »ins Auge springen«. Keine Unruhe, Hektik oder Aggression sollte sich von dort aus verbreiten, sodass sich Motive aus der Natur anbieten. Wählen Sie dieses Bild mit besonderer Sorgfalt nach Ihrem eigenen Geschmack aus.

Auch Wände brauchen zwischendurch leere Flächen, um nicht zu unruhig zu wirken. Eine kahle Wand kann neben einem großen Bild durchaus dessen Wirkung steigern. Konzentrieren Sie die Bilder an einer Stelle und reduzieren Sie sie an anderer Stelle. Nur so entsteht eine Spannung. Eine Wand vollkommen leer zu halten steigert die Konzentration und Ruhe im Raum.

Wenn Sie mehrere Fotos oder Bilder unterschiedlicher Größe aufhängen, so richten Sie diese aus: Entweder hängen Sie die Unterkanten der Bilderrahmen auf eine gedachte Linie und die Bilder »flattern« nach oben, oder Sie denken sich eine seitliche Linie und die Bilder flattern nach rechts oder links.

Details gestalten: Die Geschäftsausstattung

Unter der Geschäftsausstattung ist all das zu verstehen, was Sie im Alltag brauchen, um mit Kunden zu kommunizieren. Dazu zählen das Briefpapier genauso wie die Visitenkarten, Ihre Werbematerialien und Prospekte, aber auch Ihre Internetseiten. In der Gestaltung des Logos, der Schrifttypen und der Papierwahl spiegelt sich auch die Unternehmensphilosophie wider. Eine verschnörkelte Schrift mit kindlichen Zeichnungen steht auch hier sicher nicht für ein modernes, klares Unternehmen.

Ihr Briefbogen ist der Spiegel Ihres Unternehmens und steht auch für die Qualität Ihrer Produkte oder Dienstleistungen. Ist er verwirrend, nicht klar gegliedert, so kann das eine Widerspiegelung innerer Verwirrung sein. Sowohl bei der Gestaltung von Visitenkarten als auch von Briefpapier gilt: Weniger ist mehr! Auch hier ist Leere gefragt, denn nur so entsteht auf dem Papier eine Spannung. Zudem muss man auch wissen, dass eine Visitenkarte das Unternehmen repräsentiert, aber kein Werbeprospekt ist. Slogans oder Produktbeschreibungen haben hier nichts zu suchen.

Im Zeitalter der Gestaltung am Computer fühlt sich jeder Laie dazu berufen, seine eigenen Briefbögen und Logos zu entwerfen. Kaum mehr eine Person ohne Visitenkarte. Im professionellen Bereich jedoch empfehle ich dringend, dass Sie sich Ihre gesamte Geschäftsausstattung von einem Designer anfertigen lassen. Professionalität macht sich bezahlt, denn Ihre Visitenkarte soll doch schließlich das ausstrahlen, was Sie und Ihr Unternehmen repräsentieren. Oft ist die Visitenkarte die erste Begegnung mit dem Kunden, der Ihr Produkt oder Ihre Leistungen noch nicht kennt.

- Achtsam leben heißt, dem Moment die volle Aufmerksamkeit schenken und mit voller körperlicher und geistiger Präsenz in der Gegenwart leben.
- Das Loslassen ist ein magischer Prozess, der immer etwas Neues nach sich zieht.
- Erst wenn ich das loslasse, was ich bin, werde ich zu dem, was ich sein könnte.
- Gestaltung ist mehr als der schöne Schein. Sie ist Ausdruck »inhaltlicher Schönheit«.
- Innere Klarheit folgt der äußeren.

17. Das Gerümpel und die acht Himmelsrichtungen

Falls sich Ihr Chaos nur in einer bestimmten Ecke oder an einer bestimmten Wand konzentriert, stellen Sie doch einmal fest, in welcher Himmelsrichtung sich diese befindet!

Je nachdem, wo genau das Gerümpel in Ihren Räumen lagert, je nachdem, wo man diese »Biotope« antrifft, können die Auswirkungen recht unterschiedlich sein. Eines sei verraten: Segensreich sind sie in keinem Fall. In meiner Praxis suche ich gezielt nach alten Blockaden. Die Äußerungen der Kunden lassen meist Schlüsse zu auf den Bereich im Raum, in dem die Blockade in Form von Altlasten oder Gerümpel zu suchen ist. Das ist vor allem dann interessant, wenn es sich nicht um große Berge von Altlasten, sondern um versteckte Blockaden handelt.

Umgekehrt lassen auch die Stellen, an denen sich das Gerümpel konzentriert, darauf schließen, welche Probleme im Unternehmen daraus resultieren könnten. Die Gerümpelecken können Indikatoren für sich darin spiegelnde innerbetriebliche Schwierigkeiten sein. Ob es sich dabei um Dreckecken, Stapel von Zeitschriften, unerledigte Bastelarbeiten, alte Unterlagen oder nicht erledigte Arbeiten handelt, ist sekundär. Diese Biotope können sich je nach Zuordnung der jeweiligen Ecken oder Bereiche unterschiedlich auswirken. Sie horten Ihre Haufen alter Fachzeitschriften im Nordosten Ihres Büros? Dann könnte es sein, dass Sie sich festgefahren und blockiert fühlen! Raus damit! Und verlagern Sie jetzt bitte den Stapel nicht in eine andere Ecke, denn damit schaffen Sie sich nur ein anderes Problem.

Das System des Bagua, auch System der Acht Wandlungen genannt, stammt aus der chinesischen Lehre des Feng Shui. Übersetzt bedeutet das »Wind und Wasser«. Die Ursprünge des Feng Shui lassen sich auf den Taoismus zurückführen. Dahinter verbirgt sich die Wissenschaft, Räume so zu gestalten, dass der Mensch sich darin wohl fühlt – eine unabdingbare Voraussetzung für das Erreichen des gewünschten Erfolgs.

Dem System der Acht Wandlungen liegt die Vorstellung zugrunde, dass jede der acht Himmelsrichtungen eine ganz eigene energetische Qualität »ausstrahlt«. Gerümpel an der jeweiligen Stelle zieht jeweils ganz bestimmte Probleme nach sich.

Gerümpel im Norden

Der Norden repräsentiert die Energien des fließenden Wassers. Dieses steht für den richtigen Weg, den Einklang mit allen äußeren Kräften. In der chinesischen Philosophie symbolisiert die Himmelsrichtung des Nordens das Tao des Lebens. Wenn alles rund läuft, man sich im Fluss mit den Energien befindet und zentriert ist, so ist das Wohlbefinden und der Erfolg eines Geschäftes gewährleistet. Sollte sich beispielsweise auf Ihrem Grundstück der Schrotthaufen direkt im Norden befinden, dann kann der Energiefluss dadurch unterbrochen worden sein.

Besonders wenn Sie beruflich das Gefühl haben, »im falschen Boot zu sitzen« oder »ständig gegen den Strom zu rudern«, dann schauen Sie sich den Norden in Ihrem Büro an. Gibt es in der Nordecke oder an Ihrer Nordwand Altlasten oder Gerümpel? Vielleicht auch unerledigte Arbeit? Irgendetwas, das Stagnation bedeuten könnte? Vielleicht liegt dort irgendwo Ihr »Bremsklotz« verborgen?

Wenn Sie sich in einigen der folgenden Äußerungen wiederfinden, dann sollten Sie besonders im Norden nach Gerümpel suchen:

- Ich arbeite mich auf, und nichts kommt dabei heraus.
- Keiner unterstützt mich beruflich, alle scheinen gegen mich zu sein.
- Ich finde nicht den richtigen Job.
- Irgendwie bin ich im falschen Film.
- Ich will mich beruflich umorientieren.
- Ich ertrinke in Arbeit.
- Mir steht das Wasser bis zum Hals.

Gerümpel im Nordosten

Der Nordosten repräsentiert sowohl die Energien der Kontemplation und inneren Stille als auch der Stagnation. Mit dem Nordosten ist das Bild des Berges verbunden. Dieser ruht ruhig und stabil, lässt sich von nichts aus der Ruhe bringen. Zugleich ist er aber auch starr und statisch, bewegt sich keinen Millimeter von seinem Platz weg. Stagniert ein Unternehmen, so ist zunächst alles, was Statik ausdrückt, aus dem Nordosten zu entfernen. Dazu gehören schwere Findlinge, beispielsweise auf dem Grundstück, oder Bauschutt in der Nordostecke. Darunter fällt auch Gerümpel.

Wenn Sie sich in einigen der folgenden Äußerungen wiederfinden, dann sollten Sie besonders im Nordosten nach Gerümpel suchen:

- Stille halte ich nicht aus.
- Die Geschäfte laufen zäh, irgendetwas ist festgefahren.
- Im Betrieb sitzt irgendwo ein »Bremser«.
- Ich habe zu viel zu tun, um zur Ruhe zu kommen.
- Stille ist ein Luxus, den ich mir nicht erlauben kann.
- Stillstand ist Faulheit.
- Ich habe ein schlechtes Gewissen, wenn ich mal nichts tue.

Gerümpel im Osten

Der Osten repräsentiert die Energien des Donners. Diese Energien stehen für die Wurzeln eines Unternehmens ebenso wie für die Familie und das Urvertrauen im Allgemeinen. Wenn dort Gerümpel lagert, so kann im Unternehmen Missachtung gegenüber dem Vorgesetzten eine Rolle spielen. Jeder Mensch braucht in bestimmten Phasen seines Lebens Unterstützung durch Lehrer oder sonstige Mentoren. Bei Angestellten drückt sich eine Störung in diesem Bereich eher durch eine verächtliche Haltung und fehlenden Respekt gegenüber Vorgesetzten aus.

Wenn Sie sich in einigen der folgenden Äußerungen wiederfinden, dann sollten Sie besonders im Osten nach Gerümpel suchen:

- Mein Chef hat eigentlich keine Ahnung.
- Ich könnte locker seine Stelle übernehmen.
- Ich suche einen Lehrer, der mich in meiner Weiterentwicklung unterstützt.
- Mein Vater will mir einfach nicht den Betrieb überschreiben.
- Hierarchien sind mir lästig.
- Zu meinen Eltern habe ich kein gutes Verhältnis.
- Von anderen lasse ich mir ungern etwas sagen.

Gerümpel im Südosten

Der Südosten repräsentiert die Energien des Windes, die für inneren und äußeren Reichtum stehen. Dazu zählen sowohl glückliche Umstände als auch materieller Erfolg, aber auch geistiger, emotionaler Reichtum. Fühlen Sie sich reich oder bereichert oder haben Sie das Gefühl, ewig zu kurz zu kommen? Fehlt Ihnen die Anerkennung sowohl als Chef als auch als Mitarbeiter?

Wenn Sie sich in einigen der folgenden Äußerungen wiederfinden, dann sollten Sie besonders im Südosten nach Gerümpel suchen:

- Ich habe immer nur Pech.
- Ich bin finanziell am Ende.
- Bei mir klappt gar nichts.
- Keiner beachtet meine Arbeit.
- Keiner lobt mich.
- Meine Angestellten erkennen meine Großzügigkeit nicht an.

Gerümpel im Süden

Der Süden repräsentiert die Energien des Feuers, die für ein Licht stehen, das im Innern leuchtet. Damit können sowohl Weisheit als auch Intuition bis hin zur Erleuchtung gemeint sein. Eine Störung in diesem Bereich zeigt sich vor allem durch fehlendes Selbstvertrauen und fehlendes Vertrauen in die eigene Fähigkeit. Doch sobald man sein eigenes Selbstwertgefühl, vor allem als Leiter eines Unternehmens, von den Streicheleinheiten seiner Mitarbeiter abhängig macht, ist man verloren.

Wenn Sie sich in einigen der folgenden Äußerungen wiederfinden, dann sollten Sie besonders im Süden nach Gerümpel suchen:

- Ohne Applaus bin ich verloren.
- Ich brauche die Anerkennung anderer wie die Luft zum Atmen.
- Mir ist wichtig, was andere von mir denken.

Gerümpel im Südwesten

Der Südwesten repräsentiert die Energien, die man zur Schaffung und Pflege von Beziehungen braucht. Damit sind neben den privaten Beziehungen zwischen den Partnern auch die geschäftlichen gemeint. Alles andere führt in die Isolation. Es geht dabei um die Beziehungen zwischen Chef und Angestellten wie auch zwischen den Angestellten untereinander. Die Außenbeziehungen zu Kunden und Klienten sind davon ebenfalls betroffen. Interessant wird dieser Bereich, wenn ein Unternehmen von mehreren Personen gleichwertig geführt wird. Gerade dann sollte in dieser Ecke alles in bester Ordnung sein, denn ohne Ordnung können diese empfangenden Energien der Erde schlecht gedeihen. Auf einem von Unkraut überwucherten Feld geht die Saat nicht auf.

Wenn Sie sich in einigen der folgenden Äußerungen wiederfinden, dann sollten Sie besonders im Südwesten nach Gerümpel suchen:

- Meine Mitarbeiter sind alle gegen mich.
- Keiner versteht mich als Chef.
- Ich werde gemobbt.
- Meine Kollegen sind Trottel.

Gerümpel im Westen

Der Westen repräsentiert die Energien des Sees, der auf der einen Seite für Kreativität und geistige Tiefe steht. Auf der anderen Seite wirken diese Energien anregend auf die Entstehung von Ideen und Projekten. Die jedem eigene Kreativität ist gestört bis blockiert, falls hier das Gerümpel wohnt!

Wenn Sie sich in einigen der folgenden Äußerungen wiederfinden, dann sollten Sie besonders im Westen nach Gerümpel suchen:

- Irgendwie sind meine Ideen blockiert.
- Ich würde ja gern, traue mich aber nicht so recht.
- Eigentlich hätte ich ja schon gern Kinder, aber...
- Wenn ich damals nicht..., dann wäre ich heute...

Gerümpel im Nordwesten

Der Nordwesten steht für das Thema Geben und Nehmen. Hier sind sowohl Menschenfreundlichkeit als auch Autorität angesiedelt. Bei Führungsproblemen innerhalb eines Unternehmens, Störungen der Hierarchie oder gar fehlenden Hierarchien oder Zuständigkeiten sollte hier nachgesehen werden.

Wenn Sie sich in einigen der folgenden Äußerungen wiederfinden, dann sollten Sie besonders im Nordwesten nach Gerümpel suchen:

- Ich bin der Chef, aber keiner nimmt mich ernst.
- Ich wäre eigentlich viel lieber der Freund meiner Angestellten.
- Alle nutzen mich aus.

Das System der Acht Wandlungen lässt sich sowohl auf das gesamte Grundstück und den Gebäudegrundriss als auch auf jeden Raum oder auf kleine »Mikrokosmen« wie den Schreibtisch anwenden. Alles, was Sie zunächst brauchen, ist der Lageplan Ihres Grundstücks und/oder den Grundriss Ihrer Räumlichkeiten mit dem eingezeichneten Nordpfeil. Ausgangspunkt sind die Himmelsrichtungen. Falls auf den Plänen kein Nordpfeil zu finden ist, so bestimmen Sie die Himmelsrichtungen mit Hilfe eines Kompasses. Dieses System der Acht Wandlungen lässt sich ebenso auf Ihre privaten Räumlichkeiten übertragen. Untersuchen Sie auch diese auf Gerümpel hin, denn die Auswirkungen können vom privaten Bereich ausgehend bis in den geschäftlichen zu spüren sein.

18. Zusammenfassung: Die goldenen Regeln

- Brechen Sie ein Tabu und reden Sie über Ihr Chaos. Gerümpel hat jeder, aber nur die wenigsten geben es zu.
- Kommt etwas Neues ins Haus, so muss dafür etwas Altes das Haus verlassen.
- Erledigen Sie die unangenehmen Arbeiten zuallererst, ansonsten blockieren sie Sie den ganzen Tag lang.
- Vor jedem Neuanfang steht das Entrümpeln.
- Fangen Sie einfach an, egal wo.
- Jeden Tag entsorgen Sie irgendetwas.
- Übernehmen Sie nur dann Gebrauchtes, wenn Sie ein gutes Gefühl dabei haben.
- Entrümpeln Sie regelmäßig Ihre Adresskartei und den Speicher Ihres Telefons.
- Fragen Sie sich vor jedem Termin: Kann ich das auch telefonisch oder anderweitig regeln?
- Fragen Sie sich bei jeder Verpflichtung und bevor Sie einen Termin machen: Möchte ich das jetzt? Was bringt es mir?
- Machen Sie sich eine Liste von den Dingen, Personen, Problemen und Aktivitäten, die Sie persönlich als Ballast empfinden. Was könnten Sie streichen? Was sind Relikte aus alter Zeit?
- Alles, was Sie persönlich stört, schadet Ihnen und hat nichts in Ihrem Büro zu suchen.
- Fragen Sie sich bei jedem Teil: Wie lange hatte ich dich nicht in der Hand?
- Reparieren Sie Defektes sofort oder werfen Sie es gleich weg.
- Entfernen Sie Heruntergekommenes und Schäbiges.
- So viel Papier, wie täglich hereinkommt, muss auch täglich wieder das Büro verlassen.
- Kommt eine neue Fachzeitschrift ins Haus, so muss dafür die alte, auch ungelesen, hinaus.

- Die Zwischenräume zwischen Möbeln wie auch die Ecken hinter den Zimmertüren müssen frei sein. Dort darf nichts stehen.
- Weniger Platz schafft weniger Probleme.
- Ein größerer Schreibtisch wird Ihr Chaos nur vergrößern.
- Auf dem Boden sollte, außer den Möbeln, nichts stehen oder liegen.
- Nehmen Sie jedes Ding nur einmal in die Hand: Räumen Sie es dabei gleich auf.
- Geben Sie jedem Ding seinen eigenen Platz.
- Jeder ist für seinen eigenen Krempel verantwortlich. Jeder entrümpelt bei sich selbst.
- Stecken Sie Ihr Revier und das Ihrer Mitarbeiter ab. Jeder Mensch braucht Privatsphäre und Grenzen.
- Wer Müll verursacht, räumt ihn auch weg.
- Wer etwas fallen lässt, hebt es auch auf.
- Mehr Platz löst keine Probleme, darum sollten Sie keine neuen Schränke dazukaufen.

Fragen Sie sich vor jedem Kauf:

- Wird dieser Gegenstand wirklich gebraucht?
- Erleichtert er die Arbeit und das Leben?
- Bringt er mir mehr Ärger, mehr Spaß oder mehr Lebensqualität?
- Welche Konsequenzen zieht der Kauf nach sich?
- Welches alte Teil entsorge ich dafür ?
- Ist das Produkt langlebig?
- Ist es schön, gefällt es mir?
- Gibt es Alternativen zum Kauf?

19. Zum guten Schluss: Zurück zum Wesentlichen

Beobachtet man zur Zeit den Lebensstil so genannter Trendsetter wie Modeschöpfer, Designer und Künstler, so fällt auf, dass sich viele von ihnen momentan von ihrem Ballast trennen. Sie verkaufen ihre großen Häuser und ziehen in kleine Stadtwohnungen, sie lassen ihre Antiquitätensammlungen versteigern und richten sich neu mit wenigen schlichten, aber hochwertigen Möbeln ein. Sie stoßen ihre Limousinen ab und steigen um auf kleine Flitzer. Dieser Trend hat auch bereits einen trendigen Namen: »Downgrading«. Das bedeutet so viel wie »herunterfahren« im Sinne von »degradieren«. So wird die Dingwelt vom übertriebenen Luxus und barocker Fülle hin auf eine neue Einfachheit reduziert, in der Qualität mehr zählt als Quantität.

Dieser Trend entspricht der gegenwärtigen wirtschaftlichen Situation: Nach den fetten Jahren stehen jetzt eher magere zu erwarten, nach langen Jahren des lustvollen Konsums und des Anhäufens von Materiellem ist jetzt wieder weniger mehr. Über die Produktwelt hinaus breitet sich dieser Trend zur Einfachheit auch auf andere Lebensbereiche aus. Im Wellnessbereich führt er weg von komplizierten Fitnesstechniken hin zum Walking etwa, hinter dem sich nichts anderes verbirgt als ein schneller Waldspaziergang. Auf dem Gebiet der Ernährung führt dieser Trend weg von umständlichen Menüs hin zu leichter und gesunder, klarer und einfacher Küche.

Alle Moden und Trends spiegeln zu jeder Zeit gesellschaftliche Wirklichkeit wider. Das Leben ist schon kompliziert genug, und auch der berufliche Alltag wird immer komplexer. Wir sehnen uns nach Überschaubarkeit. Diese Tendenz steht stellvertretend für unsere innere Befindlichkeit, unsere Sehnsucht nach dem Echten und Einfachen nicht nur in der äußeren Welt. Wer schon einmal mit »leichtem« Gepäck gereist ist, der fühlt sich frei und entlastet. Sich von seinem Ballast zu trennen bedeutet, neue Prioritäten zu setzen: zurück zu dem, was wirklich zählt – den wahren Freunden, den echten

Werten, dem authentischen Leben. Weg mit den Altlasten, weg mit dem, was bremst und belastet! Die Zeit ist jetzt reif, sich aufs Wesentliche zu besinnen! Dorthin führt jedoch nur der Prozess des Loslassens.

Über die Autorin

Dr. phil. Rita Pohle
M.A., Industrial Designerin HdK
Die Autorin lebt in Stuttgart und arbeitet selbstständig als Interior und Industrial Designerin, seit 1996 im eigenen Büro »Design & Consulting«. Als Designerin gestaltet sie Arztpraxen, Ladengeschäfte, Büro- und Privaträume. Ihr Schwerpunkt sind Material- und Farbkonzepte. Als Feng-Shui-Expertin hält sie Vorträge und Seminare zu den Themen Feng Shui und Space-Clearing. Sie berät Architekten und Planer sowie Unternehmen und Privatleute.

Kontakt und Bezugsquellen

Design & Consulting
Dr. Rita Pohle
Beratung, Gestaltung, Seminare
Heumadener Straße 11
D-70329 Stuttgart
Tel. 0049-711-425728
Fax 0049-711-425715
pohledesign@compuserve.com
www.spaceclearing.de
www.fengshuidesign.de

Bezugsadresse für Raumsprays sowie Produkte zur Raumklärung unter: info@spaceclearing.de

Anhang

Literatur

Chen, Chao-Hsiu: *Lächelnde List. 3 x 36 Erfolgs-Strategeme aus dem alten China*, Kreuzlingen/München: Hugendubel 2001

Darga, Martina: *Taoismus*, Kreuzlingen/München: Hugendubel 2001

Emoto, Masaru: *Die Botschaft des Wassers*, Burgrain: Koha 2002

Fischer, Theo: *Wu wei. Die Lebenskunst des Tao*, Hamburg: Rowohlt 1992

Fischer-Rizzi, Susanne: *Botschaft an den Himmel. Anwendung, Wirkung und Geschichten von duftendem Räucherwerk*, München: Hugendubel 1996

Kingston, Karen: *Heilige Orte erschaffen mit Feng Shui. Ein Anleitungsbuch*, München: Econ 2001

Kingston, Karen: *Feng Shui gegen das Gerümpel des Alltags*, Hamburg: Rowohlt 2000

Küstenmacher, Werner Tiki, mit Lothar J. Seiwert: *Simplify your life. Einfacher und glücklicher leben*, Frankfurt: Campus 2002

Laotse: *Tao te king*, Texte und Kommentar von Richard Wilhelm, München: Diederichs [13]2000

Laotse: *Tao Te King. Das Buch vom Lauf des Lebens. Ein Juwel chinesischer Weisheitsliteratur*, München: O. W. Barth: 1999

Linn, Denise: *Die Magie des Wohnens. Ihr Zuhause als Ort der Kraft, der Kreativität und der Zuflucht*, München: Goldmann 1996

Linn, Denise: *Quellen der Inspiration. Orte der Kraft für Geist und Seele im eigenen Zuhause*, München: Droemer 1999

Pohle, Rita: *Lebensräume gestalten mit Feng Shui*, Kreuzlingen/München: Hugendubel 2000

Pohle, Rita: *Weg damit! Entrümpeln befreit*, Kreuzlingen/München: Hugendubel 2001

Tracy, Brian, und Frank M. Scheelen (Hrsg.): *Die ewigen Gesetze des Erfolgs. 100 goldene Regeln für Beruf und Leben*, Landsberg: Verlag Moderne Industrie 2000

Register